Reinvención
Boricua

PROPUESTAS DE
REACTIVACIÓN ECONÓMICA
PARA LOS INDIVIDUOS, LAS EMPRESAS Y EL GOBIERNO

Vélez Pizarro, Gustavo, 1969
La Reinvención Boricua
ISBN: 978-1501085772

Dirección editorial: Gizelle F. Borrero, Divinas Letras
Primera revisión del texto y colaboración editorial: Aileen Camacho
Copiedición: Gisel Laracuente Lugo
Ayudante de edición: Aura Torres Fernández
Diseño y montaje de portada e interior: Carlos López Angleró
Tablas, gráficas y concepto de la portada: Joan Román
Fotografía del autor: Propiedad archivo *El Nuevo Día* / © *El Nuevo Día* 2006
Ilustración de cubierta: Joan Román

El autor está disponible para conferencias, seminarios y talleres.
Para contrataciones, por favor comuníquese al:
(787) 404-3496
gvelez@economiapr.com

Para comentarios y sugerencias puede escribir a:
Gustavo Vélez
B5 Calle Tabonuco, Suite 216 PMB 109
Guaynabo P.R., 00968-3029

www.economiapr.com
www.facebook.com/gustavovelez
www.twitter.com/gustavovelez

*Dedico este libro a mi hijo, Fabián, mi mayor inspiración,
y a todos los ciudadanos que todos los días trabajan
y se esfuerzan para lograr que Puerto Rico
sea un mejor País.*

AGRADECIMIENTOS

Agradezco a mis profesores de la universidad, por darme las herramientas necesarias para ejercer esta profesión de economista. A mis clientes y amigos, por apoyarme y darme buenos consejos. A Gizelle, mi editora, por guiarme en el desarrollo de esta obra. Y a Aileen, por apoyarme en este proyecto.

CONTENIDO

Introducción

La reinvención ha sido una constante en la historia de Puerto Rico. A mediados del siglo 20 el País se reinventó y transitó de una economía agrícola a una economía industrial. Así fue como derrotamos parcialmente a la pobreza. Aquella reinvención fue producto de la creatividad y voluntad de una generación de boricuas que fue capaz de inventar un nuevo País. En la década del 1970 una gran recesión, provocada por el aumento en el precio del petróleo, afectó a Puerto Rico y, nuevamente, hubo que reinventar algunas de las estructuras económicas de la Isla. Así nació la Sección 936. Por dos décadas Puerto Rico se consolidó como el principal destino de las empresas farmacéuticas. Sin embargo, al iniciar la actual década, el País ha caído en una nueva crisis que nos obliga a reinventar otra vez la economía. La construcción de un nuevo proyecto económico requerirá de creatividad y la introducción de nuevas formas de organización económica, diferentes a las estructuras que se desarrollaron en el siglo pasado. Los nuevos retos nos invitan a reinventarnos otra vez. A pesar de las grandes dificultades que afectan al pueblo, estoy totalmente convencido en la capacidad de reinvención que hay dentro de cada boricua.

Puerto Rico aún es un lugar de grandes oportunidades. Mientras más se agudiza la crisis, más posibilidades veo para comenzar a implementar los cambios que requiere la economía para recuperar la ruta del crecimiento y la prosperidad. De la misma forma en que nos hemos levantado como pueblo cada vez que nos ha afectado un huracán, los boricuas somos capaces de convertir la actual crisis económica en el comienzo de una nueva era de oportunidades e inventar un nuevo País. Tengo plena certeza de que la crisis ha provocado un proceso de reinvención económica que apenas comienza. La economía lentamente se está adaptando a las nuevas condiciones impuestas por una era de escasez y un proceso de reordenamiento en la economía global. Sin embargo, para reinventar a Puerto Rico, primero tenemos que reinventarnos individualmente. Tenemos que comenzar a implementar cambios en la forma como vemos al País, y en la manera como actuamos cada día. La Reinvención Boricua es una reflexión y un llamado a la acción para cambiar el curso de las cosas. Consciente de que Puerto Rico se encuentra en una encrucijada histórica, hago un llamado a los actores políticos a cesar la política de confrontación y pactar con los actores no gubernamentales para trabajar en propuestas concretas a favor de la economía.

Esta obra es una convocatoria para que cada ciudadano se convierta en un promotor de cambios. En la primera parte del libro hago un recorrido histórico de la evolución de la economía para explicar cómo se "cocinó" la actual crisis. En la segunda parte desarrollo un programa de propuestas para superar la actual recesión. Exhorto a mirar la educación como el principal proyecto de País y la única ruta para detener el deterioro social. Propongo cambios estructurales que permitan rehabilitar la competitividad socioeconómica para que el País vuelva a ser exitoso en el plano internacional. Planteo propuestas para transitar hacia la economía del conocimiento, aumentar la capacidad de exportación y lograr una economía diversificada. Propongo también que el desarrollo económico no sea medido solo por indicadores financieros, y, por ende, propongo un reenfoque a la forma en la que debemos mirar el crecimiento económico. Finalmente, proveo algunos consejos prácticos para los ciudadanos y empresarios para enfrentar la actual situación de adversidad económica. Invito al lector a que utilice esta obra como una herramienta para desarrollar otras propuestas de cambio y de reinvención.

CAPÍTULO 1

DE LA POBREZA A LA MODERNIDAD INDUSTRIAL

Puerto Rico no llegó a la actual crisis económica y fiscal de un día para otro. Por ende, analizar su economía, requiere estudiar otros procesos históricos y políticos, para poner en perspectiva los planes y acciones de los diferentes gobiernos que han estado en el poder a partir del 1948. El actual proceso económico que vive el País nació desde el origen mismo del proyecto de industrialización "Manos a la Obra", que fue formulado por los gobiernos de Estados Unidos y Puerto Rico entre el 1948 y 1952, dentro del contexto de la posguerra y la hegemonía económica de esta poderosa nación.

Aquel programa fundamentado en exenciones contributivas locales y federales, la importación de capital industrial, el libre acceso al mercado norteamericano y la disponibilidad de mano de obra barata, pudo haber sido efectivo en el contexto histórico de la posguerra, pero la intención de sus fundadores de hacerlo permanente fue adverso para la economía local. El modelo pareció presumir que las condiciones económicas globales no iban a cambiar y, por ende, no iba a ser necesario proveerle flexibilidad y dinamismo al proyecto de desarrollo.

La "Industrialización por Invitación", como se le llamó a la estrategia adoptada por Teodoro Moscoso, director ejecutivo de la Compañía de Desarrollo Industrial de Puerto Rico durante el gobierno de Luis Muñoz Marín, estuvo fundamentada en buenas intenciones, pues la meta del modelo era acelerar un

ESFUERZOS DE
REINVENCIÓN BORICUA

"Manos a la Obra" fue el primer gran proyecto de Reinvención Boricua. Este modelo de industrialización cambió las estructuras de la economía y reorientó al País hacia un proyecto de modernización económica y social fundamentada en la manufactura. Gracias a "Manos a la Obra" se creó el marco institucional que catapultó a Puerto Rico hacia la modernidad.

proceso de desarrollo económico que sacara a la Isla de la crisis económica vivida durante la década del 1930 y la mitad de la década del 1940. La Ley de Incentivos Contributivos se convirtió en el instrumento que subsanaba las deficiencias del País, pues la reducción en la tasa contributiva corporativa sirvió para contrarrestar los altos costos de hacer negocios en Puerto Rico. Sin embargo, la dependencia en instrumentos contributivos que el gobierno local no controlaba, el desplazamiento de empresarios locales por parte de empresarios de Estados Unidos y la incapacidad de crear un verdadero ecosistema productivo-empresarial entre el capital externo y local, afectaron la sustentabilidad del modelo.

Según James Dietz, el proyecto económico se enfocó en la atracción y la acumulación de capital externo en la Isla, con la intención de producir mercancías para diferentes mercados de exportación, lo que ayudó a mejorar los indicadores económicos básicos (ingreso, empleo, producción), pero la estrategia no pudo crear las condiciones para un proceso de desarrollo económico de largo plazo. Es decir, "Manos a la Obra" no contempló componentes que permitieran a la economía local desarrollar una base de capital nativo, no fomentó eslabonamientos entre las empresas del exterior y las empresas locales, y creó una gran dependencia en el capital externo para financiar las actividades productivas e industriales locales. Bajo esta estrategia, Puerto Rico era solo un eslabón dentro de un complejo sistema de producción y exportación de las corporaciones multinacionales de Estados Unidos. Las exenciones contributivas federales y locales, aumentaban la rentabilidad de estas empresas y convirtieron a Puerto Rico en el destino favorito del capital multinacional.

La primera Ley de Exención Industrial de Contribuciones de Puerto Rico, aprobada en 1948, buscaba asegurar que la economía de la Isla se cimentara sobre bases sólidas, darle el mayor grado de estímulo a empresas emergentes y existentes, utilizar de la manera más eficiente los recursos humanos del País y fomentar las oportunidades de empleo para la fuerza trabajadora. Además, se aseguraba que el incentivo que se le ofrecía a las empresas era de base sólida y de inconfundible seguridad. Puerto Rico fue pionero en la creación de un mecanismo de atracción de inversión de este tipo. Aunque la fase inicial de este programa resultó positiva, el hecho de que la Asamblea Legislativa y el Gobierno de Puerto Rico estuvieran mejorando continuamente los beneficios que otorgaba esta legislación, generó en gran medida el desbalance negativo que hoy vemos en la economía. En el 1953 se reformuló el programa con el propósito de crear un mínimo de 80 mil nuevos empleos para la década que terminaba en 1960. Así pues, la industria de la manufactura, que para 1950 había creado 55 mil empleos, ya para el año 1960 incrementó las cifras de trabajadores a 81 mil. Más adelante, en el 1963, se aprobó una nueva ley de incentivos que extendió por diez años más el beneficio de la exención contributiva, con el propósito de continuar una industrialización más rápida y lograr que todo Puerto Rico participara del programa de desarrollo. Para lograr esa expansión industrial por todo el País, se le proveyó una exención de 12 años a las empresas que se establecieran fuera de las zonas de alto desarrollo. En 1971, tras la aprobación de una enmienda a la ley, ese período de exención se extendió a 17 años. Al inicio de la década de 1970 ya el número de empleos generado por la manufactura era de 132 mil.

LA PRIMERA RECESIÓN ECONÓMICA
1973 AL 1975

Hay bastante consenso entre los economistas de que el actual modelo económico comenzó a dar síntomas de debilidad durante la recesión del 1973 al 1975. El aumento en los precios del petróleo, provocado por el embargo de la Organización de Países Exportadores de Petróleo (OPEP), ocasionó un disloque económico global con efectos catastróficos en la economía de Puerto Rico. La dependencia excesiva de la economía puertorriqueña al capital externo quedó evidenciada en el contexto de esa crisis, ya que uno de los fundamentos del modelo económico diseñado en la década del 50, era precisamente el flujo permanente de inversión directa del exterior hacia la Isla. La recesión mundial afectó a la economía de Estados Unidos y esto se reflejó directamente en Puerto Rico, a través una contracción en todos los indicadores económicos. Por primera vez, desde el comienzo del proyecto de industrialización de "Manos a la Obra", la economía experimentó una contracción en sus principales indicadores macroeconómicos. Este hecho ha generado una serie de debates y especulaciones entre teóricos del desarrollo, economistas y otros estudiosos del tema, en torno a si fue, precisamente en el 1975 cuando de verdad comenzó el proceso de desgaste del modelo económico.

Según el economista y profesor, Edwin Irizarry Mora, la crisis del 1973 al 1975 provoco cambios para salvar la estrategia económica "orientada hacia fuera" con cambios exógenos (externos). La recesión del 1973 al 1975 provocó el colapso del complejo petroquímico-industrial Commonwealth Oil Refining Company, mejor conocido como CORCO, por sus siglas en inglés, ubicado en la región sur del País, lo que colocó a esa zona en una precaria situación socioeconómica que aún perdura. La administración gubernamental tuvo que implementar un aumento en las contribuciones para mejorar la liquidez y cumplir con sus obligaciones, particularmente el pago de nómina y la deuda pública. Durante esa crisis, el gobierno contrató al reconocido economista James Tobin, quien ganaría el premio Nobel de Economía en el año 1981, para que realizara un informe sobre la situación económica de Puerto Rico donde incluyó recomendaciones para mejorar la crítica situación fiscal del gobierno.

Crecimiento Promedio del PNB
1969 - 1980

Fuente: Junta de Planificación de Puerto Rico

La primera crisis económica que ocurrió después del inicio del proyecto de industrialización, dos décadas antes, obligó al gobierno local y al gobierno federal a revisar las bases del modelo económico. Si bien es cierto que la economía de Puerto Rico había experimentado cierto grado de desarrollo, también era cierto que la estructura productiva no había generado los niveles de actividad económica necesarios para absorber a todas las personas disponibles para trabajar. Con ese objetivo en mente se promovió uno de los cambios más importantes al modelo económico: la conversión de la Sección 931 en la Sección 936. Esta modificación reforzó la capacidad de atracción de nuevas actividades industriales más intensas en capital, lo que permitiría a la Isla convertirse en un importante enclave de industrias químicas y productos farmacéuticos.

El segundo proceso de Reinvención Boricua del siglo 20 fue el cambio de la Sección 931 a la Sección 936, que proveyó nuevos espacios de acción a las corporaciones multinacionales ubicadas en la Isla. Esto permitió la consolidación de Puerto Rico como un centro de manufactura farmacéutica. Lamentablemente, a pesar de los adelantos logrados gracias a este instrumento, se creó demasiada dependencia en un mecanismo que estaba fuera del control del gobierno local.

Podemos afirmar que el cuatrienio del 1973 al 1976, fue uno de difícil transición económica. La crisis provocó importantes cambios estructurales al modelo de industrialización y la respuesta gubernamental ante la complicada situación, creó las condiciones para la derrota electoral del gobernador Rafael Hernández Colón y el ascenso al poder del entonces alcalde de San Juan, y eventual líder del Partido Nuevo Progresista, Carlos Romero Barceló.

Deuda Pública
(millones)

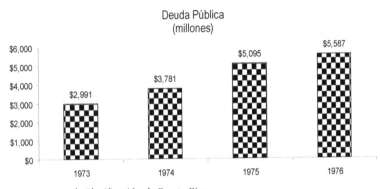

Fuente: *Junta de Planificación de Puerto Rico*

Durante la recesión del 1973 al 1975, la administración de Hernández Colón tuvo que aumentar el gasto y la deuda pública para hacerle frente a la crisis. La deuda pública aumentó de $2,991 a $5,587 millones, un aumento de 86.7%. Pese a los esfuerzos de su administración, el joven mandatario perdió las elecciones. El cambio de mando constituyó otro cambio político importante, tras varias décadas de hegemonía del Partido Popular Democrático. Eliezer Curet analiza en su libro *La economía de Puerto Rico: 1950-2000*, cómo los cambios políticos a partir del 1968 han afectado la continuidad de las estrategias de desarrollo económico. Fue así que Puerto Rico entró a una nueva era de continuas transiciones de gobierno que han provocado una gran inestabilidad política y económica que se ha extendido hasta el presente. Desde entonces, las políticas económicas de los dos partidos que han compartido el poder se han visto afectadas por los cambios de gobierno, lo que ha limitado el crecimiento económico.

El nacimiento de la Sección 936: La economía entre el 1977 y el 1984

Entre el 1977 y el 1984 se inició un proceso de recuperación económica y de rehabilitación del estado social y productivo del País. Esta etapa de bonanza comenzó en el año 1976 cuando el Congreso Federal habilitó el *Tax Reform Act of 1976* para enmendar la Sección 931 y convertirla en la Sección 936. La nueva sección flexibilizó la herramienta contributiva y le dio mayores beneficios a las empresas acogidas a los beneficios contributivos federales. Esa enmienda sirvió para fortalecer la capacidad de atraer nuevas empresas de manufactura hacia la Isla. Uno de los beneficios de la Sección 936 fue la exención del pago de contribuciones de los dividendos de las corporaciones subsidiarias a las corporaciones matrices en Estados Unidos.

Durante la discusión de estas enmiendas en el Congreso, funcionarios del Departamento del Tesoro mostraron renuencia a estos cambios, por entender que los mismos eran demasiado generosos hacia las corporaciones. Desde el punto de vista del Departamento del Tesoro Federal, la nueva disposición ayudaba a aumentar la rentabilidad de las inversiones de las empresas en Puerto Rico a un alto costo contributivo, sin tener un efecto mayor en la creación de empleos en la Isla.

Lo cierto es que tras la implementación de la Sección 936 –durante el período de 1976 al 1996–, Puerto Rico experimentó un intenso desarrollo de industrias de alto valor añadido[1]. En ese lapso de tiempo la información empírica evidencia un crecimiento acelerado en nuevas corporaciones orientadas a la producción de farmacéuticos, electrónicos, instrumentos científicos y profesionales, así como productos químicos. La aportación de estas industrias al Producto Interno Bruto (PIB) aumentó a cuatro veces su valor original. Igualmente el crecimiento en el empleo y el incremento de las exportaciones

---

1   En la literatura económica, "industrias de valor añadido" se refiere a aquellas industrias que utilizan por cientos elevados de tecnología, exhiben altos niveles de producción y pagan salarios relativamente mayores que otras industrias.

se concentraron en estos sectores industriales. No obstante, donde mayor concentración industrial hubo durante este período fue en el sector farmacéutico y de electrónicos. No es casualidad que estos dos sectores sean altamente intensivos en el uso de capital. Los beneficios contributivos de la Sección 936 resultaban un buen negocio para aquellas empresas que operaban en la Isla. Los créditos contributivos provistos por la Sección 936 tuvieron el efecto de aumentar la inversión directa de corporaciones multinacionales en Puerto Rico. Dicho aumento en inversión directa en actividad manufacturera permitió la concentración de grandes conglomerados industriales en las áreas de productos químicos, farmacéuticos y electrónicos/ electrodomésticos.

En 1978, con la aprobación de la Ley 26, se reformuló el programa de incentivos contributivos, eliminando la exención total y concediendo exenciones parciales en gradaciones de períodos que se extendían desde 10 hasta 25 años, de acuerdo al lugar en donde se estableciera la empresa. Según las estadísticas de la Junta de Planificación, para 1980 el número de empleos generados por la manufactura era de 157 mil.

La estrategia económica del entonces gobernador Carlos Romero Barceló estaba orientada a ir posicionando a otras industrias dentro de la estructura económica de Puerto Rico. La premisa era que para finales de la década del 70 ya la economía local estaba casi totalmente integrada a la economía de Estados Unidos; por lo tanto la meta económica debía estar orientada a cómo maximizar el rol de Puerto Rico dentro de esa integración y poner a competir a la Isla con otros estados por inversión y capital. Dentro de esta visión, las industrias de servicios, la banca, el comercio internacional y los sectores emergentes de alta tecnología tenían un gran potencial para reducir la dependencia en la manufactura, que era la base del modelo de "Manos a la Obra", el proyecto económico del PPD[2]. Los estrategas gubernamentales entendían que ya Puerto Rico no era una economía de bajos salarios y que ante el alto

---

2   *Development Strategies as Ideology.* Emilio Pantojas García, Editorial UPR.

nivel de apertura que tenía la economía, había que buscar otras industrias en las cuales la Isla pudiera ser competitiva.

Se estructuró un plan económico dirigido a buscar la transición económica de la Isla hacia un modelo menos dependiente en la manufactura y en los componentes originales de "Manos a la Obra". A finales de la década del 70, por primera vez se planteó la posibilidad de que la Isla se proyectara como un centro regional financiero, de servicios profesionales y de comercio, vinculado a la economía de Estados Unidos (Pantojas, 1989).

Crecimiento del Producto Nacional Bruto

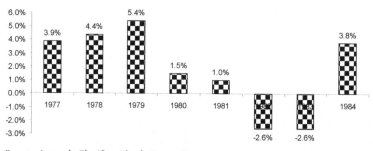

Fuente: *Junta de Planificación de Puerto Rico*

Bajo ese nuevo enfoque, la estadidad podía ser viable sin chocar con las contradicciones económicas que imponía el modelo económico anterior (Pantojas, 1989). Bajo la administración de Carlos Romero Barceló también se inició el plan de las plantas gemelas, al que más adelante la administración de Rafael Hernández Colón le daría continuidad y fuerza. Durante el segundo término de Romero (1981 a 1984) la economía local se vio golpeada por una segunda recesión (1981 a 1982), que se agudizó por los recortes en el gasto federal de la primera administración Republicana del presidente estadounidense Ronald Reagan. El empleo, la inversión y el ingreso experimentaron una reducción como resultado de la contracción económica.

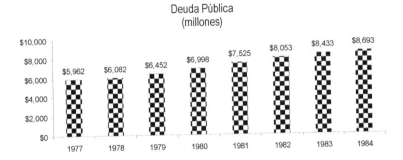

Deuda Pública
(millones)

Durante la administración de Romero Barceló, la deuda pública se mantuvo controlada y apenas aumentó solo por $2,731 millones.

La economía entre el 1985 y el 1992

A partir de 1984, la economía de Puerto Rico entró en una fase de crecimiento moderado apoyada por las estrategias adoptadas por la segunda administración de Rafael Hernández Colón, cuya gestión fue mucho más efectiva y exitosa desde el punto de vista económico. Según Eliezer Curet, en el inicio del primer cuatrienio, la administración de Hernández Colón se benefició de la expansión de la economía norteamericana, después de la recesión de 1981 a 1982. Los niveles de ingreso y consumo se expandieron significativamente, así como el PNB (Producto Nacional Bruto) per cápita de la población[3]. De igual manera, la segunda administración de Hernández Colón se vio beneficiada por la dramática expansión de la actividad manufacturera en la Isla, gracias a los beneficios de la Sección 936, que durante ese cuatrienio, llegó a su punto máximo en el 1989. La administración de Hernández Colón fue efectiva al hacer frente a un intento de eliminar ese incentivo federal por parte de la administración de Ronald Reagan durante el 1986.

ESFUERZOS DE REINVENCIÓN BORICUA

Otro significativo proceso de Reinvención Boricua ocurrió en la década del 1980, cuando se comenzaron a crear entidades importantes como el Banco de Desarrollo, con la intención de financiar a empresarios locales. De igual forma, se crearon programas para facilitar la exportación de las empresas locales hacia los mercados regionales. Hasta ese entonces, las multinacionales tenían el peso mayor en la actividad de exportación y en la asignación de recursos gubernamentales.

---

3 El Producto Nacional Bruto (PNB) es la medida del valor de la producción de bienes y servicios de una economía durante un período de tiempo.

La creación de la Iniciativa para la Cuenca del Caribe (CBI, por sus siglas en inglés), le permitió al gobierno tener un rol protagónico en los procesos de desarrollo económico de la región caribeña y centroamericana. Desde Puerto Rico se utilizaban los depósitos de las empresas 936 que operaban en la Isla, para financiar proyectos de desarrollo económico en la región. Por primera vez desde el establecimiento del ELA, la Isla –con la anuencia de la Casa Blanca–, jugaba un papel protagónico en su zona de influencia natural: la cuenca del Caribe y Centroamérica. Al mismo tiempo, se establecieron plantas manufactureras conjuntas en Puerto Rico (plantas gemelas) y en la región, lo que permitió la gestación de importantes proyectos económicos en el ámbito de la Cuenca Caribeña. La administración utilizó esos avances para dar importantes pasos hacia la internacionalización del ELA en su dimensión económica, y posicionar a Puerto Rico como un importante centro comercial y financiero en la región. En función de este esfuerzo se dieron importantes iniciativas comerciales con España, de cara a la fusión económica Europea, y vale la pena destacar los intentos de realizar acuerdos comerciales con Japón, en plena pujanza económica.

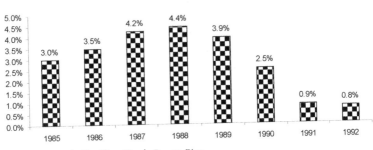

Crecimiento del Producto Nacional Bruto

Fuente: Junta de Planificación de Puerto Rico

Igualmente, el gobierno local participó como observador en las negociaciones del Tratado Comercial entre Estados Unidos, México y Canadá, para atender los intereses de Puerto Rico. Todos estos esfuerzos se realizaron con el objetivo de ampliar la esfera de participación económica del ELA en una economía que ya apuntaba inexorablemente hacia la globalización. En este sentido, el gobernador Rafael Hernández Colón y su administración actuaron con visión y como parte de la agenda económica, se habilitaron importantes leyes e innovadores programas para adelantar el proyecto económico del PPD. Entre estos se destacan: el Centro Bancario Internacional (1989), el Banco de Desarrollo Económico (1985) y el Programa para el Fomento de las Exportaciones (1986), adscrito a la Administración de Fomento Económico.

Deuda Pública
(millones)

Fuente: Junta de Planificación de Puerto Rico

Durante la segunda administración de Hernández Colón, la deuda pública aumentó de $8,837 millones a $13,822 millones, para un aumento neto de $4,895 millones. Contrario a su primer mandato, cuando enfrentó una recesión que lo obligó a aumentar la deuda para enfrentar la crisis, en su segundo término, disfrutó de condiciones económicas favorables que evitaron un endeudamiento público excesivo.

LA ECONOMÍA ENTRE EL 1993 Y EL 2000

Luego de ocho años de administración del Partido Popular, el PNP regresó al poder con un triunfo del Dr. Pedro Rosselló González, bajo un ambicioso programa de gobierno que ofrecía, entre otras cosas, revolucionar el sistema de salud. Estos cambios no ocurrieron en un vacío. Durante la década del 1990 ocurrieron transformaciones significativas en el ámbito económico mundial, así como en el terreno político internacional, que afectaron la viabilidad del ya desgastado modelo económico de la Isla. Durante ese período comenzó y se intensificó el proceso de integración económica de los antiguos países del bloque socialista a la economía global occidental. Además, surgió la Internet y con esta, todo un nuevo paradigma de organización empresarial. Fue el período del ascenso de China como potencia económica mundial, del surgimiento del euro, y su consolidación como divisa internacional.

En este período, Estados Unidos comenzó a negociar tratados comerciales multilaterales en diversas regiones de América Latina. Mientras se suscitaban todos esos cambios alrededor del mundo, Puerto Rico comenzaba a perder importantes componentes de su competitividad. Por ejemplo, en el 1996 el Congreso Federal derogó la Sección 936 mediante legislación federal, y un poco antes, en el 1994, entró en vigor el Tratado de Libre Comercio (TLC) entre Estados Unidos, Canadá y México.[4] Se incrementó significativamente la deuda pública para financiar grandes proyectos de infraestructura y se legisló para sindicalizar a los empleados públicos. Igualmente, se instauró la reforma del sistema de salud, que a pesar del fin social que perseguía, implicó un gran endeudamiento gubernamental para financiarla.

Segun Curet, la estrategia económica de la administración Rosselló quedó plasmada en un documento titulado: *"Nuevo*

---

4   El Tratado de Libre Comercio entre Estados Unidos y México significó un reto adicional para Puerto Rico, ya que muchas empresas intensivas en mano de obra de capital norteamericano vieron en ese país una nueva oportunidad para operar con costos más bajos que Puerto Rico.

Modelo Económico de Puerto Rico".[5] Dicho documento proveyó los parámetros de política pública y guió las acciones gubernamentales durante el período de 1993 al 2000. Entre los objetivos que perseguía el "Nuevo Modelo" se encontraban la diversificación de la estructura productiva de la economía, dándole énfasis al turismo y al sector de los servicios, y el desarrollo de la llamada "Economía del Conocimiento".[6] Sin embargo, las bases estructurales del modelo económico quedaron inalteradas. Puerto Rico continuaba teniendo una alta dependencia al sector manufacturero, que representaba el 40% del Producto Interno Bruto. Durante la administración de Pedro Rosselló se impulsaron varias iniciativas económicas y proyectos de obra pública que implicaron inversiones millonarias del gobierno. Esta inversión, además de proveer una nueva infraestructura para el País, sirvió de estímulo para la actividad económica durante el período de 1993 al 2000. Proyectos como el Tren Urbano, el Superacueducto, el Coliseo de Puerto Rico, el Centro de Convenciones y la red vial que se desarrolló en ese mismo período, requirieron una inversión global estimada en casi $5 mil millones de dólares. Asimismo, durante la administración Rosselló se puso en marcha la Reforma de Salud, que cambió el modelo público de servicios médicos. Aunque esta medida mejoró el acceso a la salud para los médico-indigentes, implicó grandes costos fiscales para el gobierno.

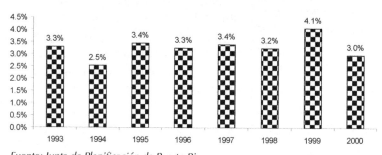

Crecimiento del Producto Nacional Bruto

Fuente: Junta de Planificación de Puerto Rico

---

5   El "Nuevo Modelo Económico de Puerto Rico" es un documento que proveía las guías de políticas públicas a seguir por la administración Rosselló.

6   La "economía del conocimiento" se refiere a la utilización del conocimiento como insumo principal de producción.

ESFUERZOS DE
REINVENCIÓN BORICUA

En la década del 1990, también se llevaron a cabo importantes esfuerzos económicos de Reinvención Boricua, con resultados mixtos. Se comenzó a experimentar con la privatización de operaciones gubernamentales y activos públicos, a la vez que se implementó un cambio radical en el modelo de salud, que aún perdura. Este cambio, sin embargo, ha sido cuestionado por la incapacidad que ha mostrado el gobierno para sostener financieramente el modelo de salud intermediado por aseguradoras privadas.

A pesar de que bajo esa administración del Partido Nuevo Progresista, Puerto Rico experimentó cierta bonanza económica, al final de su mandato la deuda gubernamental había aumentado de $14,242 millones en el 1992, a $23,822 millones en el 2000. La Administración Roselló también llevó a cabo una Reforma Contributiva (1994), e impulsó la privatización de corporaciones y programas gubernamentales como la Compañía Telefónica, las Navieras y el Sistema de Salud. Durante este período de tiempo se aprobó la Ley 45 de sindicalización de los empleados públicos y la Ley del Legislador a Tiempo Completo.

En el período del 1993 al 2000, se observarían los últimos años de crecimiento económico relativamente sólido para Puerto Rico, debido en parte a las grandes inversiones en proyectos de infraestructura, como en la expansión de la economía de Estados Unidos. Los efectos económicos del fin de la era de la Sección 936 y otros importantes cambios estructurales se comenzarían a manifestar, dando paso a la crisis económica que comenzaría a manifestarse a partir del 2001.

Fuente: *Informe Económico al Gobernador, 2010.*

LA ELIMINACIÓN DE LA SECCIÓN 936
Y SU IMPACTO ECONÓMICO

En el año 1996 el Congreso Federal, mediante legislación, derogó los beneficios contributivos que proveía la Sección 936. En dicho año inició un proceso de desfase del programa de incentivos contributivos federales que concluyó en diciembre de 2005. La legislación federal proveyó para que durante el período de desfase, las corporaciones escogieran entre un crédito de 60% por la inversión realizada en Puerto Rico o un crédito contributivo por el monto de los salarios pagados. Durante este período muchas corporaciones cerraron sus operaciones y se mudaron a otros países con costos operacionales más bajos. Sin embargo, otras corporaciones –especialmente las empresas vinculadas al sector farmacéutico–, se convirtieron en lo que se conoce como Corporaciones Foráneas Controladas (CFC), lo que les permitió seguir operando en la Isla y diferir el pago de contribuciones federales hasta el momento de repatriación de ganancias.

Todos los trabajos investigativos realizados por entidades independientes y por organismos del Gobierno Federal alertaban de los efectos adversos que tendría sobre la economía la eliminación de la Sección 936. No obstante, es muy poco el análisis objetivo que se ha hecho en torno a los efectos de la eliminación de la Sección 936 del Código de Rentas Internas de Estados Unidos. En gran medida, la actual crisis económica que vive Puerto Rico está directamente vinculada a la pérdida de ese instrumento contributivo que le proveía a la economía local una ventaja competitiva. Desde su eliminación una cantidad considerable de establecimientos industriales han cerrado operaciones en la Isla, provocando la pérdida. Al perderse las ventajas contributivas que otorgaba la Sección 936 a las compañías estadounidenses que operaban en Puerto Rico, no se justificaba su permanencia en territorio puertorriqueño.

Promociones de Empresas Manufactura

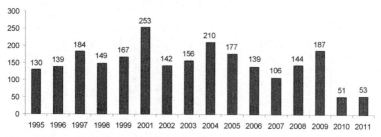

Fuente: Compañía de Fomento Industrial

Han pasado seis años desde que finalizó la vigencia de los incentivos provistos en la Sección 936 y la evidencia empírica apunta a que la pérdida de este incentivo tuvo consecuencias adversas sobre amplios sectores de la economía. Este mecanismo contributivo le permitía a Puerto Rico atraer grandes inversiones de capital industrial, proveía liquidez al sistema financiero y generaba salarios altos. La Sección 936, para todos los efectos prácticos, era la espina dorsal de la economía local. Mediante el desarrollo de un modelo econométrico analizamos el efecto que tuvo la pérdida de la Sección 936 sobre el crecimiento económico de Puerto Rico.[7] Los resultados del análisis realizado indican que a partir del 1997, la economía de Puerto Rico comenzó a exhibir un patrón de crecimiento que se debilitó con mayor intensidad entre el año 2000 y el 2006. Además del impacto de la pérdida de los incentivos contributivos provistos por la antigua Sección 936, se observó que la combinación de otros factores, como el endeudamiento del gobierno y los altos costos operacionales, afectaron la capacidad de crecimiento sobre la economía. El incremento en el precio del petróleo, el aumento en el salario mínimo federal, el debilitamiento fiscal del gobierno y la contracción de otros sectores productivos, como el sector financiero y el de la construcción, también ha afectado el comportamiento de la economía.

---

7   Tesis de Maestría del Autor: "Análisis del Impacto Económico de la Eliminación de la Sección 936 sobre la economía de Puerto Rico". Departamento de Economía de la UPR, Río Piedras. La econometría es una herramienta básica usada por los economistas para la construcción de modelos teóricos y matemáticos que describen el comportamiento de los agentes económicos.

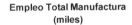

Empleo Total Manufactura
(miles)

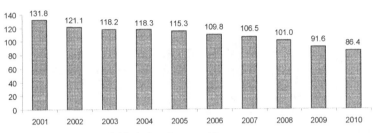

Fuente: Departamento del Trabajo y Recursos Humanos

Debido a que las operaciones de las corporaciones manufactureras en Puerto Rico habían evolucionado a operaciones intensas en capital, esta nueva disposición no fue lo suficientemente atractiva para retener la actividad industrial en la Isla y mucho menos ayudaba a incrementarla. Los cambios en las disposiciones contributivas federales bajo las cuales habían operado las corporaciones manufactureras en Puerto Rico, representaron un impacto significativo en su modelo de negocio, fundamentado en altos niveles de ganancias bajo el modelo contributivo provisto por la Sección 936.

Gran parte de este crecimiento fue posible gracias a un plan que se fundamentó en fuertes inversiones del gobierno en obra pública, como parte de una estrategia iniciada en el 2003 que buscaba reactivar la economía. Igualmente, el gasto público fue esencial como parte de esa estrategia para derrotar la recesión. Sin embargo, ya para el 2005, el PNB real volvía a mostrar un patrón de debilidad. Para ese año el crecimiento real fue de apenas 1.9% y en el año 2006, disminuyó a .9%. A partir del año 2000 había comenzado el debilitamiento de la estructura productiva de la economía local, en gran medida inducido por la desaceleración de la actividad manufacturera y los otros factores estructurales y coyunturales. La proyección realizada con el modelo demuestra, por ejemplo, que para los años fiscales 1997 y 1998, la economía hubiese crecido en 4.3% y 3.7%, respectivamente. Ese escenario de crecimiento hubiese sido posible con los incentivos de la Sección 936.

En el 1999 y el 2000, el valor proyectado fue de 2.4% y 2.9%; sin embargo, los valores observados fueron 4.2% y 3.1%, respectivamente.

Fuente: Análisis del Impacto de la Eliminación de la Sección 936 en la economía de PR

Es importante señalar que en el 1999, la economía recibió $4,000 millones en fondos federales (FEMA) por concepto del huracán Georges que afectó a la Isla en el 1998, lo que tuvo un efecto significativo en el consumo y la inversión durante ese período. Para el 2001 y 2002 la economía hubiese crecido en .2% y 1.3%, que superaban los valores reales observados de 1.3% y -.3%, sin la Sección 936 para esos mismos años. La caída en el Producto Nacional Bruto pareció responder a los primeros efectos del cierre de fábricas a raíz de la eliminación del incentivo contributivo federal.

En el año 2001 ocurrieron los atentados terroristas del 11 de septiembre, provocando una recesión de corta duración en Puerto Rico en el año 2002. Igualmente, durante los primeros seis meses del 2001 hubo una gran cantidad de cierres de Corporaciones 936 que desestabilizaron grandemente este sector e impactaron de forma negativa la economía.

REDUCCIÓN EN LA ACTIVIDAD INDUSTRIAL

Una de las implicaciones que ha tenido la eliminación de la Sección 936, ha sido el debilitamiento en la actividad de atracción de empresas que lleva a cabo la Compañía de Fomento Industrial (CFI). La información provista por la Oficina de Planificación y Economía de PRIDCO evidencia una reducción en el número de nuevas empresas de manufactura promovidas por Fomento, lo que ha afectado a la economía local. La ausencia de los incentivos provistos por la Sección 936 ha debilitado la capacidad de atraer nueva inversión industrial.

Entre el 1983 y el 1995 el total de empresas promovidas por PRIDCO fue de 2,541, de las cuales 1,001 empresas fueron de origen no local o Corporaciones 936. Mientras que para el período de 1996 al 2008, el total de empresas de manufactura promovidas por Fomento ascendió a 2,174, de las cuales solo 684 fueron de origen no local. Es decir, durante el primer período, el 60.4% de las empresas promovidas fueron de capital local y el 39.6%, fue de origen no local. Sin embargo, una vez comenzó el período de desfase de la Sección 936, a partir del 1996 hasta el 2008, las empresas 936 representaron solamente el 31.5% de la actividad promocional y las empresas locales representaron el 68.5%.

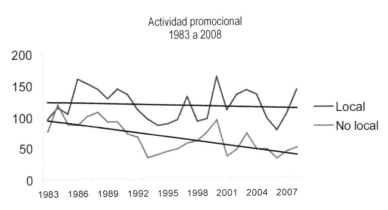

Fuente: Compañía de Fomento Industrial

Al observar el inicio de operaciones de empresas de manufactura para los mismos períodos bajo análisis, se evidencia un patrón muy similar al de las promociones. Para el período de 1983 al 1995, el total de empresas que iniciaron operaciones ascendió a 2,278, de las cuales el 39.5% correspondió a empresas de origen no local y 59.5%, de origen local. Mientras que para el período de 1996 al 2008, el total de inicio de operaciones de empresas de manufactura fue de 1,624, de las cuales el 71.7% correspondió a empresas locales y el 29.3% correspondió a empresas de origen no local. A nivel agregado, la diferencia entre los dos períodos fue de 654 empresas menos que iniciaron operaciones. La información nos indica que durante el período de 1996 al 2008, hubo una reducción de 525 en el número de aperturas de empresas de origen no local.

Apertura de fábricas
1983 a 2008

Fuente: Compañía de Fomento Industrial

EFECTOS SOBRE LA INVERSIÓN

La información relacionada a la inversión industrial la dividimos en dos períodos: 1996 al 2001 y 2002 al 2008. La información compilada por la Compañía de Fomento Industrial[8] provee la inversión solo en precios nominales, lo que impide hacer una comparación adecuada para los períodos anteriormente utilizados. Así las cosas, procedimos a comparar los períodos de tiempo antes señalados. La información nos indica que para el período de 1996 al 2001, el valor agregado de la inversión industrial ascendió a $2,006 millones. De la inversión global realizada, el 88% correspondió a empresas de capital no local, mientras que el 12%, correspondió a empresas de capital puertorriqueño. Para el período de 2002 al 2008 la inversión industrial global ascendió a $3,788 millones, lo que representa un aumento de 89% con respecto al período anterior. De esta inversión, el 86% correspondió a inversión de origen no local y el 14% a inversión local.

Inversión Industrial en Puerto Rico

Período	Local	No local	Total
1996 - 2001	$245,127,077	$1,761,064,932	$2,006,192,009
2002 - 2008	$534,519,047	$3,253,695,428	$3,788,214,475

Fuente: Compañía de Fomento Industrial

El aumento dramático en la inversión de empresas no locales, se debió a la expansión y el desarrollo de nuevos proyectos en la industria farmacéutica. Como comentamos antes, pese a la pérdida de los beneficios contributivos de la Sección 936, las empresas que estaban operando en Puerto Rico se organizaron como CFC (GAO 2006). Uno de los efectos que tuvo la eliminación de la Sección 936 fue un cambio en la

---

8   La Compañía de Fomento Industrial es una corporación pública que tiene la responsabilidad de atraer fábricas a Puerto Rico y apoyar el desarrollo de empresas de capital en el área de manufactura. Esta entidad alquila edificios industriales y provee incentivos para las empresas.

composición industrial de la Isla. A partir de la eliminación del 1996, ha ocurrido una reducción en el número de plantas de manufactura intensivas en mano de obra (textiles, manufactura liviana), mientras que ha ocurrido una consolidación de las empresas intensivas en capital (químicos, medicinas, electrónicos).

La conversión de muchas corporaciones 936 en CFC permitió que en Puerto Rico continuaran muchas operaciones de manufactura de relativa importancia. Al ocurrir esta conversión no se pudieron cumplir los objetivos que tenía el Congreso Federal cuando derogó la Sección 936, que era aumentar los ingresos fiscales y reducir el "mantengo corporativo". En el propio informe del GAO de 2006, oficiales del Servicio de Rentas Internas indicaron tener serias dudas en torno al efecto que se supone haya tenido la eliminación de la Sección 936. Los funcionarios federales plantearon que hay suficiente evidencia para concluir que muchas corporaciones que operaban bajo la Sección 936, al organizarse como CFC pudieron diferir el pago de contribuciones federales y mantener sus operaciones en Puerto Rico.

Según el informe del GAO, en el 1997 las ganancias de las CFC ascendieron de $2,400 millones (en el 1997) a $7,100 millones en el 2001. El dramático aumento en la inversión de capital registrado a partir del 2002, evidencia que las corporaciones de alto valor agregado fueron las que en efecto decidieron mantener sus operaciones en la Isla. Lo que demuestra esto es que para las empresas intensivas en capital y de gran escala operacional como son las farmacéuticas, el mecanismo de la CFC representó una oportunidad para mantener sus operaciones en Puerto Rico, difiriendo el pago de contribuciones al Departamento del Tesoro[9]. Sin embargo, las empresas más pequeñas, para las que no resultaba rentable convertirse en CFC por el costo contributivo que requería a

---

9   Las Corporaciones Foráneas Controladas (CFC) son subsidiarias de empresas norteamericanas operando fuera de Estados Unidos bajo la Sección 901 del Código de Rentas Internas Federal. Este mecanismo le permite diferir el pago de contribuciones al gobierno federal hasta el momento de repatriar ganancias a la empresa matriz.

corto plazo, decidieron cerrar sus operaciones o relocalizarlas en otros destinos con costos operacionales más bajos, como México y República Dominicana. El cambio en la estructura productiva industrial, aunque propició la permanencia del sector farmacéutico, no implicó un incremento en el número de empleos. A partir del año 1997 comenzó una reducción dramática en el total de personas empleadas en la manufactura. De un total de 152 mil personas empleadas en el año 1997, el empleo industrial total descendió a 105 mil personas en el 2007. Sin embargo, la compensación salarial promedio de cada empleado en la manufactura aumentó de $25,164 a $42,219, para un incremento de 67.8%, lo que demuestra que en efecto hubo un cambio en la estructura industrial de Puerto Rico. La evidencia empírica confirma una reducción en el número de personas empleadas, pero un incremento en la compensación salarial promedio.

CAPÍTULO 2

LA DÉCADA PERDIDA

El año 2000 significó el inicio de un nuevo siglo y milenio, pero también marcó el comienzo del período económico en que Puerto Rico comenzó a sentir los efectos de la crisis económica en la que se encuentra hoy. La crisis que se comenzó a manifestar, era el resultado de las acciones y políticas económicas tomadas con anterioridad. A finales del siglo 20 ya el modelo económico desarrollado en la década del 1950 mostraba síntomas de fatiga y debilidad. El desgaste del proyecto de industrialización se hizo más evidente al derogarse la Sección 936 en el 1996 y no instituirse cambios estructurales que le permitieran a la economía generar crecimiento. Los gobiernos de Sila Calderón, Aníbal Acevedo Vilá y Luis Fortuño se encontrarían en una situación de crisis económica y fiscal, pero sin herramientas para poder enfrentarlas de forma efectiva.

El resultado es que durante la primera década del siglo 21, el crecimiento anual promedio de la economía fue cero. Es decir, por primera vez la economía no experimentó crecimiento alguno, afectando todos los órdenes de la vida de los puertorriqueños.[10] Esencialmente, el País se estancó y experimentó un rápido deterioro social, económico e institucional. De ahí el término de la década perdida y los planteamientos de diversos economistas, de que Puerto Rico tiene que comenzar a

---

10 Aunque hasta el 2006 hubo crecimiento económico, desde entonces la economía enfrenta una contracción de una magnitud mayor al período de crecimiento positivo entre el 2001 y el 2005.

implementar profundos cambios estructurales que le permitan a la economía volver a generar crecimiento. De forma paralela a la crisis económica, se han agudizado los conflictos políticos y la falta de entendimiento entre los partidos para lograr los cambios que necesita Puerto Rico para recuperar la ruta del crecimiento.

La economía del 2001 al 2004

Cuando ocurre el cambio de administración del Partido Nuevo Progresista al Partido Popular Democrático, el déficit fiscal ascendía a $700 millones. Esto obligó a la nueva administración a implementar aumentos en las contribuciones, particularmente un aumento en los arbitrios a las bebidas alcohólicas, los cigarrillos y algunos tipos de vehículos de motor, como una medida para allegar nuevos recursos al fisco. Además de la incipiente crisis fiscal, en sus primeros seis meses la administración Calderón tuvo también que enfrentar el cierre de fábricas provocado por la eliminación de la Sección 936, cuatro años antes.

Crecimiento del PNB

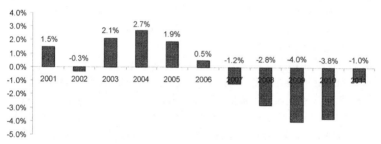

Fuente: Junta de Planificación de Puerto Rico

Una cantidad considerable de establecimientos de manufactura anunciaron el cierre total de sus operaciones entre el 2001 y el 2002, lo que implicó la pérdida de 10 mil empleos directos en el sector de la manufactura. Igualmente, los ataques terroristas del 11 de septiembre, y los conflictos bélicos subsiguientes provocaron una recesión que afectó a la economía local durante la primera mitad del cuatrienio. Los tropiezos fiscales y económicos enfrentados desde temprano en la administración Calderón, parecieron marcar el destino de su gobierno, que se caracterizó por la inestabilidad en el gabinete y las dificultades para ejecutar su agenda de trabajo. Como respuesta a la pérdida de empleos en el sector industrial, la administración inició un intenso cabildeo en el Congreso Federal para enmendar la Sección 956. La nueva propuesta de incentivo contributivo, proponía que las empresas que operaran en Puerto Rico estarían exentas del pago de contribuciones hasta el momento de repatriar sus ganancias a la casa matriz.

Al transferir ganancias a la matriz pagarían un 10% del total de la responsabilidad contributiva. Esto incluía todo tipo de ingresos (incluso los ingresos pasivos por concepto de regalías e intereses). La propuesta no tuvo mucha receptividad en amplios sectores del Congreso, especialmente en los más conservadores, que estaban molestos con el gobierno de Puerto Rico por el respaldo de Calderón a la salida de la Marina de Guerra de Estados Unidos de la isla municipio de Vieques.

En el plano internacional, la administración Calderón dio algunos pasos hacia la reinserción del País en los temas comerciales y económicos regionales. Por ejemplo, el gobierno reestableció sus relaciones con la Comisión Económica para América Latina (CEPAL) y se reintegró como observador en el Caribbean Community (CARICOM). Igualmente, el gobierno asumió posturas activas en las negociaciones comerciales sobre el Central America Free Trade Agreement (CAFTA) y apoyó los esfuerzos del sector privado para buscar la sede del Área de Libre Comercio de las Américas, (ALCA).[11] En función de estas negociaciones se firmaron acuerdos de colaboración económica, con importantes socios comerciales con los gobiernos de República Dominicana, Costa Rica y Panamá, entre otros. Al finalizar la administración Calderón, la deuda pública total había aumentado significativamente (de $25,184 millones en el 2001, aumentó a $33,942 millones en el 2004, lo que representa un incremento de 34.7% en un lapso de cuatro años). De igual manera, todos los indicadores económicos mostraron un crecimiento moderado, lo que demuestra la agudización de la debilidad estructural de la economía puertorriqueña bajo la administración Calderón.

---

11 El ALCA fue una iniciativa del Presidente Bill Clinton para crear un área de Libre Comercio desde Alaska hasta Argentina. Esta iniciativa no fue viable y la Administración Bush decidió impulsar acuerdos comerciales bilaterales con diversos países de la región.

Quizá el proyecto de gobierno más ambicioso de la gobernadora Calderón, fue la iniciativa de desarrollo social conocida como "Comunidades Especiales". Este proyecto, que había sido implementado con relativo éxito mientras fue alcaldesa de San Juan (1997 al 2000), buscaba rescatar de la pobreza a amplios sectores de la población. La estrategia de la administración Calderón era propiciar la autogestión socioeconómica de estas comunidades, la construcción de proyectos de infraestructura, el desarrollo de un liderato de base comunitaria, y reducir la pobreza y la dependencia en las ayudas gubernamentales. El argumento sobre el que se sostenía esta iniciativa, era que el Estado tenía la responsabilidad moral e institucional de crear las condiciones para que estas miles de comunidades salieran del círculo vicioso de la pobreza. Como parte de esa visión y de esa política pública, se realizaron millonarias inversiones y se pasó legislación para transferir $1,000 millones del capital del Banco Gubernamental de Fomento a un fideicomiso perpetuo para financiar el desarrollo físico y socioeconómico de las "Comunidades Especiales". Ante el cuadro de vulnerabilidad fiscal que ya experimentaba Puerto Rico, algunos analistas y observadores del acontecer económico local han criticado dicha medida, toda vez que tuvo el efecto de debilitar al Banco Gubernamental de Fomento, entidad que tiene un rol importante en la estabilidad fiscal y financiera del País.

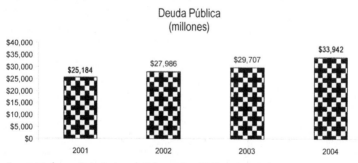

Fuente: *Informe Económico al Gobernador, 2010.*

ESFUERZOS DE
REINVENCIÓN BORICUA

En los inicios del nuevo siglo se llevó a cabo otro importante proceso de reinvención socioeconómica, mediante un proyecto para reducir la pobreza, fundamentado en la autogestión comunitaria y liderado por el gobierno. A pesar de los nobles objetivos del proyecto de "Comunidades Especiales", se han levantado cuestionamientos sobre la administración y logros de esta gestión, pero no cabe duda de que se trataba de una buena iniciativa de Reinvención Boricua.

El debilitamiento económico que se comenzó a manifestar durante la gobernación de Sila Calderón, obligó a la administración a aumentar la deuda pública para financiar proyectos de infraestructura que permitieran amortiguar la caída económica y mantener el funcionamiento de la economía. La deuda pública aumentó $8,758 millones durante el cuatrienio, lo que elevó la cifra total a $33,942 millones.

LA ECONOMÍA DEL 2005 AL 2008

El cambio de mando gubernamental, aunque fue de figuras de un mismo partido, no resultó un proceso fácil. El entonces comisionado residente en Washington, Aníbal Acevedo Vilá, asumió la presidencia del PPD y la candidatura al puesto de gobernador, luego de que el candidato escogido por Sila Calderón, José Alfredo Hernández Mayoral, decidió retirar su candidatura por razones personales. Acevedo Vilá logró prevalecer en unas reñidas elecciones que le dieron la victoria por escasamente 3,200 votos frente al Dr. Pedro Rosselló. Sin embargo, el PPD perdió una gran cantidad de alcaldías, ambas cámaras legislativas y la Comisaría Residente en Washington. Institucionalmente el PPD había perdido, excepto por la elección de Acevedo Vilá a la gobernación. Se creó entonces una anómala situación de un gobierno compartido entre el PNP y el PPD, posiblemente en el peor momento para la economía. Lo que pudo haber sido una oportunidad histórica para que las dos principales fuerzas políticas del País dieran cátedra de madurez política y democrática, se convirtió en uno de los capítulos más difíciles en la historia política de Puerto Rico.

En los primeros seis meses del 2005, la administración gubernamental tuvo que enfrentar la peor crisis fiscal que haya tenido la Isla en su historia política moderna, provocada por un déficit estructural[12] que sobrepasaba los $1,000 millones. A la crisis fiscal hay que sumarle el debilitamiento de la economía, que se manifiesta en la crítica situación que enfrenta la banca puertorriqueña, el fin de los incentivos contributivos federales provistos por la desaparecida Sección 936, la presión competitiva que impone la entrada en vigor de los tratados comerciales como el aumento en el precio del petróleo y, por consiguiente, de los costos energéticos. La posibilidad de la degradación del crédito del gobierno surgió como la peor pesadilla que pudiera haber tenido el País en aquel momento histórico. Paralela a la crisis política, comenzaba a deteriorarse la crisis fiscal hereda-

---

12 Un déficit fiscal estructural es una condición en la cual, de forma recurrente, los gastos del gobierno exceden los ingresos.

da de la administración de Sila Calderón. El déficit estructural de $1,200 millones heredado por el nuevo gobierno, obligó al Gobernador y al equipo fiscal a enfocar gran parte de su energía a confeccionar un presupuesto de transición. El gran problema financiero trajo a la Isla a los oficiales de las firmas evaluadoras del crédito, las cuales de inmediato comenzaron a exigir medidas para corregir el déficit fiscal. Puerto Rico enfrentaba la posibilidad real de una degradación total del crédito gubernamental. La bancarrota del gobierno comenzaba a ser un escenario posible si no se atendían los problemas.

Así las cosas, la administración habilitó un primer presupuesto fundamentado en la congelación de aumentos salariales a los empleados públicos, la consolidación de 28 agencias gubernamentales, la eliminación del subsidio anual de $400 millones a la Autoridad de Acueductos y Alcantarillados (AAA), la eliminación temporal de las exclusiones al arbitrio general y un impuesto de 4% al ingreso neto de los bancos. Era un presupuesto que le permitiría al nuevo gobierno superar el déficit, mientras se habilitaban las reformas fiscales y contributivas necesarias para enderezar el gobierno y la economía. La oposición de los sindicatos, de las organizaciones empresariales y de la legislatura a las medidas contenidas en ese presupuesto, debilitó la posibilidad de que el mismo fuera aprobado. El efecto negativo que tendría para el consumidor el potencial incremento en las tarifas de la AAA debido a la eliminación de las exclusiones del arbitrio y el impacto contributivo de la banca, generaron controversias públicas que comenzaron a afectar la estabilidad de la administración.

PRIMER MENSAJE DE PRESUPUESTO DEL GOBERNADOR[13]

El presupuesto para el presente año fiscal, que termina el 30 de junio, estará balanceado luego de las medidas serias y estrictas de control de gastos que ha anunciado la directora de la Oficina de Gerencia y Presupuesto y de las medidas agresivas que el Secretario de Hacienda está tomando para atajar la evasión contributiva y las medidas de alta responsabilidad fiscal que ha recomendado el presidente del Banco Gubernamental de Fomento.

Eso significa que para el año que viene si partimos de la cifra de $9,297 millones que costó correr el gobierno este año, tenemos que generar ingresos o lograr economías por esos $1,300 millones del déficit estructural. A eso le tenemos que añadir cerca de $400 millones adicionales que se necesitan para cumplir con las obligaciones de pagar por nuestras deudas, asignar fondos para aumentos de sueldo ya legislados o negociados y cumplir con mandatos de ley que requieren asignaciones adicionales de fondos. En otras palabras, entre ingresos nuevos o recortes necesitamos alrededor de $1,700 millones para el próximo año fiscal. A pesar de este cuadro, me place informarles que el presupuesto del Fondo General que estoy sometiendo a esta Asamblea Legislativa para el próximo año fiscal está cuadrado y es de $9,684 millones, lo que nos permitirá cumplir con todas nuestras obligaciones y encarrilar al país por el Nuevo Rumbo que les he presentado.

---

13 Fuente: Oficina de Gerencia y Presupuesto 2005-06

Por primera vez en muchísimos años, este presupuesto, es un presupuesto real y no deficitario de entrada. Y esto es así porque a las agencias que por años han estado operando con déficit, se le están asignando ahora los fondos suficientes para que tengan los recursos que de verdad necesitan y todos los ingresos de ese presupuesto son recurrentes.

Este presupuesto que estoy sometiendo está cuadrado sin que se incurra en un solo préstamo adicional para gastos operacionales. El Banco Gubernamental de Fomento actuará agresivamente en la re-estructuración y refinanciamiento de la deuda pública existente, pero este presupuesto no va tomar para gastos operacionales, ni un préstamo nuevo para cuadrarse. El presupuesto que les estoy presentando, como indiqué la semana pasada, es un presupuesto de transición hacia una verdadera reforma contributiva y fiscal. Está cuadrado gracias a las reducciones sustanciales de fondos para diversas agencias y partidas presupuestarias, a una redirección de los recursos a las áreas verdaderamente fundamentales, como las que forman parte del Triángulo del Éxito, educación, seguridad y desarrollo económico y otras vitales para el país como salud, nuevos ingresos, y combatir agresivamente la evasión contributiva.

Reducción de los Gastos Públicos

Para poner el gobierno a funcionar como debe ser y empezar a cortar grasa, desde el primer día que llegué a La Fortaleza congelé los puestos de confianza vacantes en las agencias públicas, limité los viajes, el uso de celulares y vehículos oficiales. También en la Fortaleza, recorté gastos, eliminé vehículos oficiales y celulares, bajé los gastos de publicidad y reduje el número de policías asignados en Fortaleza. Puse control en los gastos porque el ejemplo empieza en la casa.

Pero esos esfuerzos no son suficientes para atajar el problema en su raíz. Uno de nuestros mayores problemas como país es el enorme tamaño del gobierno.

Un ejemplo extremadamente revelador es que en Puerto Rico los gastos del Gobierno central en nómina ascienden a 2.2 millones de dólares por hora lo que equivale a 16 millones diarios.

Tenemos que reducir el tamaño del gobierno y lo vamos a lograr a través de distintos medios. El presupuesto que les estoy sometiendo incluye una reducción sin precedente de $370 millones en varias partidas presupues-tarias, incluyendo nómina; reduce el número de agencias, establece controles estrictos en el gasto público y constituye el inicio de un profundo proceso de reforma gubernamental que nos dará un gobierno más ágil, sensible, y eficiente, un gobierno más cercano a ti, que funcione de verdad.

Redirigiendo los Recursos

Para enfrentar esa realidad, se hace necesario reorganizar el gobierno para redirigir los recur-sos y empezar a solucionar tus problemas.

Las medidas que les expondré a continuación se deben ver como una primera fase en un presupuesto de transición hacia una abarca-dora reforma contributiva y fiscal que toma de 18 a 24 meses implantar. Son decisiones necesarias para cuadrar el presupuesto del próximo año fiscal que comienza el 1 de julio. Requieren de un sentido de responsabilidad compartida entre el Ejecutivo y la Rama Legislativa para aprobar estas medidas por el bienestar de nuestro país.

La semana pasada les adelanté algunas de las decisiones difíciles que tendríamos que tomar. Hoy, se las describo en más detalle.

Para controlar los gastos, propongo:

Primero – *Reducir el número de oficinas y agencias gubernamentales mediante consolidaciones, re-localizaciones y eliminaciones.*

Segunda medida para controlar el gasto público – *Congelación de puestos. Esta medida ya se comenzó a implantar.*

Tercera – *La no renovación de contratos transitorios e irregulares. En el día de hoy, firmé la Orden Ejecutiva estableciendo la congelación de puestos y la forma paulatina como se atenderán los contratos transitorios e irregulares, sin que se afecten las áreas de servicios esenciales a los ciudadanos. Se hará de forma paulatina, según venzan los contratos. La Orden Ejecutiva establece un registro de las personas a las que no se les renuevan los contratos bajo los programas del Departamento del Trabajo de readiestramiento. En la Orden Ejecutiva se le ordena a las agencias del gobierno que tengan que llenar puestos que los recluten prioritariamente de este personal.*

Cuarta – *Plan de retiro incentivado. Estaremos presentando legislación otorgando un* bono de $2,000 a los empleados que tienen los años de servicio acumulado y la edad para retirarse y decidan retirarse antes del 30 de junio de este año.

Quinta medida para propiciar ahorros – Una ventana de retiro temprano. Hemos separado $20 millones para financiar el costo de los incentivos de esta propuesta y la de retiro incentivado. Además, mañana estaré enviando la legislación necesaria para salvar el Sistema de Retiro y asegurar que esta medida no grava más la precaria situación en que se encuentra.

Este presupuesto que les estoy enviando incluye los fondos para aumentar la aportación del gobierno al Sistema de Retiro tal y como se dispone en dicha legislación.

Sexto – Presentaré legislación para que los empleados que quieran, voluntariamente, acepten una jornada de trabajo de cuatro días, pero que en lugar de recortar su salario en 20%, se le reducirá nada más en 15% y se le mantendrán todos los derechos de vacaciones y retiro como si trabajara la semana completa. En algunos casos estaremos dispuestos a que los Jefes de Agencias negocien esa opción con las uniones.

Séptimo – Eliminación de subsidios a corporaciones o entidades gubernamentales que se supone operen con sus propios fondos pues tienen la capacidad de generar sus propios ingresos.

EL GOBERNADOR VETA EL PRESUPUESTO

Durante el verano de 2005, el primer presupuesto del nuevo gobierno fue vetado por el Gobernador luego de unos cambios realizados por la Legislatura, lo que creó las condiciones para el eventual cierre gubernamental. El Gobierno comenzó a operar el nuevo año fiscal en julio de 2006 con el presupuesto anterior, según lo dispone la Constitución del Estado Libre Asociado, en caso de que se no apruebe un presupuesto. El problema es que ese presupuesto del 2004-05, era deficitario desde su origen, lo que colocaría al gobierno en serios problemas fiscales. Para finales del año 2005, tanto el Poder Ejecutivo como el Poder Legislativo, habían comenzado a diseñar sus respectivas propuestas de reforma contributiva. El impuesto de 7% al consumo y reducciones contributivas eran parte esencial de la reforma contributiva propuesta por el PNP, mientras que el PPD buscaba reestructuraciones al actual sistema contributivo, sin tener que implementar un impuesto al consumo. La propuesta del Ejecutivo, entre otros cambios, eliminaba beneficios al ingreso pasivo y otras disposiciones contributivas favorables al capital, e introducía reducciones en las escalas contributivas a la llamada "clase media".

Luego del primer año del llamado cogobierno, las tensiones y los choques entre el Ejecutivo y el Legislativo, comenzaron a intensificarse. Muy poca legislación programática logró aprobarse en los cuerpos legislativos, mientras el Gobernador vetaba la gran mayoría de los proyectos enviados por la Legislatura. En ese primer año dicho cuerpo, con el apoyo de legisladores del PPD, logró incluso pasarle por encima a un veto del Gobernador, debilitando aún más la autoridad del Primer Ejecutivo. La guerra partidista y la crisis fiscal se intensificaban, mientras Puerto Rico comenzaba a inclinarse a un estado de ingobernabilidad. Durante julio del 2005, un paro de los sindicatos que agrupan a los camioneros paralizó a Puerto Rico por tres días, mientras que los reclamos sindicales para que se firmaran cerca de 40 convenios colectivos aumentaban la presión hacia el gobierno.

Entrado el año 2006 comenzaron las tensiones por la reforma contributiva. Pese al acuerdo estipulado entre el liderato legislativo y el Gobernador a finales del año 2005, la propia mayoría legislativa del PNP estaba dividida internamente en torno al alcance de la propuesta contributiva. Mientras una facción abogaba por un impuesto de 7% al consumo, el senador y presidente del PNP, Dr. Pedro Rosselló abogaba por un impuesto de 4.5%. Por otro lado, el Gobernador enviaba sus recomendaciones a la Legislatura y se sostenía en su visión de reforma contributiva que avalaba el impuesto de 7% al consumo, con ajustes significativos en las tasas contributivas. La propuesta del Ejecutivo fue descartada de inmediato por la propia Legislatura y por las organizaciones empresariales, lo cual dejó la discusión centrada únicamente en la propuesta del PNP.

Ya para marzo de 2006, el tiempo corría y el gobierno comenzaba a quedarse sin recursos para operar. Pese a los reclamos del Ejecutivo de llegar a un acuerdo con la Legislatura, que permitiera tomar dinero prestado contra los recaudos del impuesto al consumo, el gobierno se quedó sin flujo de efectivo, lo que provocó el primer cierre gubernamental en la historia de Puerto Rico. El gobierno cerró operaciones el 1ro de mayo de 2006, generando una de las peores crisis políticas que el País ha tenido en su historia moderna. Luego de dos semanas de reuniones e intercambio de ataques entre los dos principales partidos políticos, surgió un acuerdo con la intermediación del liderato religioso y economistas, que permitió reabrir el gobierno. El acuerdo incluyó la aprobación de un préstamo del Banco Gubernamental de Fomento al Gobierno Central que sería repagado con la aprobación de un impuesto al consumo. El acuerdo también incluía la aprobación de una reforma fiscal para controlar el incremento en los gastos gubernamentales.

EL CIERRE DEL GOBIERNO Y SU EFECTO EN LA ECONOMÍA

La crisis fiscal y económica generada por el cierre del gobierno, agravó la recesión que ya comenzaba a tomar fuerza. Previo al cierre, ya la economía de la Isla comenzaba a debilitarse. Ante la magnitud económica que tiene el gobierno dentro de la economía local, un colapso fiscal de este sector hubiese tenido un efecto devastador sobre la economía. Para el 2006, el gobierno central y las corporaciones tenían una nómina total de 274 mil empleados que devengaban cerca de $500 millones de dólares mensuales en salarios. El impacto global del cierre del gobierno durante dos meses, por concepto de ingresos de nómina hubiera sido de $1,344 millones de dólares y por el lado de la producción, hubiera sido de $1,820 millones[14]. El tranque económico y fiscal, y el cierre gubernamental provocaron la contracción de los sectores del comercio y de la banca, que dependían directamente del flujo de ingresos de los miles de empleados públicos que diariamente realizaban transacciones comerciales y financieras.

De acuerdo a las proyecciones de la Junta de Planificación, se esperaba que para el 2007 el Producto Nacional Bruto Real experimentara una contracción de 1.4%, provocada por la recesión incipiente de la economía. Mientras, que para el 2008 se proyectaba un crecimiento de 0.8%, motivado por una leve recuperación de la economía en el segundo semestre del Año Fiscal 2008 y las inyecciones de fondos federales. En el 2008 la economía experimentó una contracción de 2.8%.

---

14 Análisis realizado por el autor para la Coalición del Sector Privado en mayo de 2006.

Comportamiento Macroeconómico
2005-2009

Año	PNB	Gastos de consumo	Inversión	Empleo	Salarios
2005	$7,019	$9,161	$1,858	$1,238	$25,393
2006	$7,055	$9,333	$1,844	$1,256	$25,843
2007	$6,873	$9,513	$1,797	$1,263	$26,101
2008	$6,776	$9,467	$1,635	$1,218	$26,776
2009	$6,523	$9,239	$1,441	$1,168	$27,242

Fuente: Junta de Planificación de Puerto Rico

Además de esta proyección, la Junta de Planificación también produjo dos escenarios alternos para cada año, que establecían que para el 2007 la reducción del Producto Nacional Bruto Real hubiera podido ser de 1.8%, mientras que en el máximo se estimó una baja de 0.9%. En tanto, para el 2008 los escenarios proyectaban una leve mejoría de entre 0.1 y 1.5%. Sin embargo, el cierre gubernamental fue un evento muy adverso para el País y afectó grandemente al gobernador Acevedo Vilá en sus posibilidades de reelección. Irónicamente, el exgobernador, al darle paso al IVU, ayudó a salvar el crédito de Puerto Rico, toda vez que creó una fuente de repago para la llamada deuda extra-constitucional; pero el costo político fue muy alto, por el efecto que tuvo el impuesto al consumo para la clase media.

2007-2008: Se profundiza la recesión

La crisis económica comenzó a agudizarse luego del cierre del gobierno y de la implantación de lo que se conocería como el Impuesto de Venta y Uso (IVU). El pueblo no solo perdió la esperanza en el futuro inmediato de Puerto Rico, sino que se sintió económicamente castigado con el nuevo impuesto. A pesar de que el impuesto de entrada de 6.6% fue derogado, muchos comercios no alteraron su estructura de costos. Los precios de los artículos subieron, lo que unido al aumento de las tarifas del agua, los peajes y la factura de electricidad (provocada por la subida del petróleo), castigaron el bolsillo del consumidor. La llamada recesión criolla, afectó grandemente el capital político del Gobernador. El deterioro económico se agudizó durante la segunda mitad del 2006 y durante el 2007. El aumento en el precio del petróleo y la crisis financiera durante el 2008, acabaron de complicar el panorama para Puerto Rico y para la administración de Acevedo Vilá. En el verano del 2008 el precio del petróleo llegó a $148 el barril, lo que tuvo un impacto dramático en la ya maltrecha economía local. Finalmente, en septiembre de 2008 ocurrió el colapso de *los* mercados financieros, lo que agudizó aún más la situación económica la Isla, al entrar en recesión la economía de Estados Unidos.

Crecimiento Trimestral del PIB
Estados Unidos

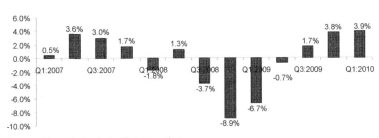

Fuente: Negociado de Análisis Económico

Tres años de recesión y un país hastiado por las controversias partidistas, crearon las condiciones para una contundente victoria del PNP en las elecciones de noviembre. El candidato del Partido Nuevo Progresista, Luis Fortuño Burcet, ganó la gobernación por 220 mil votos, obtuvo mayoría absoluta en la Legislatura, así como una gran cantidad de municipios. Tras ocho años de gobierno bajo el Partido Popular, el PNP ascendió al poder con promesas de cambio y la esperanza de mejorar la economía. No obstante, más allá de las expectativas prometidas, el nuevo gobierno llegó para enfrentar una economía con graves problemas estructurales, una sociedad polarizada, un déficit fiscal de $3,200 millones, una recesión mundial y una grave crisis financiera global.

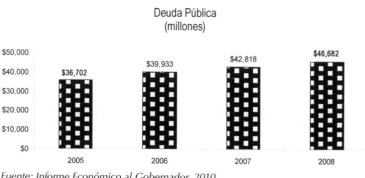

Deuda Pública
(millones)

Fuente: Informe Económico al Gobernador, 2010.

57

CAPÍTULO 3

LOS DESAFÍOS FISCALES Y ECONÓMICOS ENTRE <u>EL **2009** Y EL **2011**</u>

Dice un refrán, que *"aquellos que siembran viento, cosechan huracanes"*. Eso parece aplicar a la actual realidad económica de Puerto Rico, luego del mal llamado período del gobierno compartido. Economistas y líderes del sector privado advertimos durante todo el cuatrienio del 2005 al 2008, las serias consecuencias que tendría sobre la economía la falta de gobernabilidad sobre los asuntos económicos que caracterizaron el cuatrienio del 2005 al 2008. La recesión que comenzó en marzo del 2006 se había convertido, casi tres años después, en un serio problema de estancamiento productivo y los principales sectores económicos comenzaron a desgastarse, particularmente la banca, la manufactura y la construcción. En noviembre del 2008, semanas después de la contienda electoral, el Gobernador electo nombró un grupo de empresarios y figuras del sector privado, liderados por el banquero Richard Carrión, bajo el nombre del Comité Asesor para la Reconstrucción Fiscal (CAREF). Este grupo tendría la responsabilidad de analizar las finanzas públicas y la situación económica en general, y debía producir unas recomendaciones al nuevo gobierno.

Paralelo a este esfuerzo, siendo gobernador electo, Luis Fortuño viajó a Nueva York para reunirse con los representantes de las firmas Standard and Poor's y Moody's, con el fin de comunicarles su compromiso de atender el tema fiscal. Durante el proceso de transición gubernamental se analizó el presupuesto y los compromisos fiscales del gobierno, y se determinó que el déficit fiscal era de $3,200 millones. Según el CAREF, mientras el gasto real proyectado para el año fiscal 2009 ascendía a $10,890 millones, los ingresos serían de $7,710 millones. La situación fiscal era de tal gravedad que durante el mes de diciembre de 2008 el Banco Gubernamental de Fomento tuvo que realizar una emisión de bonos de $1,200 millones para proveerle liquidez y garantizar la estabilidad operacional del gobierno central.

Luego de un mes y medio de evaluación y análisis de la situación económica del País, el viernes 9 de enero de 2009, una semana después de la toma de posesión del Gobernador, el CAREF le presentó su informe en La Fortaleza. Las principales medidas recomendaban una serie de impuestos a diversos bienes y servicios, como los cigarrillos y la telefonía móvil, incrementos al arbitrio de la gasolina, así como una reducción en los gastos no esenciales del gobierno. De igual forma, el CAREF propuso congelar los convenios negociados con los sindicatos, una reducción de 10% en los gastos de todas las agencias gubernamentales, una sobre tasa impositiva a todas las corporaciones regulares y el despido de 11 mil empleados públicos. Al presentar las medidas, el Gobernador decretó a Puerto Rico en estado de emergencia fiscal y denominó que su administración tendría que aplicar un duro programa de ajuste financiero para salvar fiscalmente a la Isla. El propio Gobernador denominó a ese programa como "medicina amarga", concepto que fue visto con preocupación por parte de amplios sectores del País e incluso algunos legisladores y alcaldes dentro del propio Partido Nuevo Progresista. El inicio del mandato gubernamental comenzaba a estar mediatizado por decisiones impopulares para amplios sectores, particularmente el tema de posibles despidos de empleados públicos e impuestos de carácter regresivo, que afectarían a la clase media y a los sectores marginados.

Aunque las medidas resultaran desagradables, el Gobernador y su equipo fiscal estaban decididos a evitar una degradación del crédito de Puerto Rico a "chatarra", para impedir así un posible colapso del financiero o el cierre del gobierno. Para lograr la estabilización fiscal, el Gobernador y su equipo comenzaron a implementar una serie de medidas, entre estas una emisión de bonos de $4,000 millones[15] para darle liquidez al gobierno y poder hacer frente al problema de flujo de caja del fondo general.

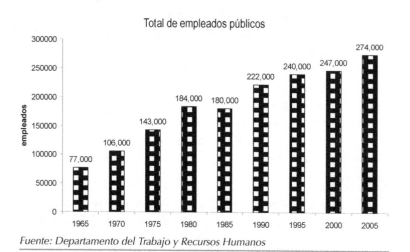

Total de empleados públicos

Fuente: Departamento del Trabajo y Recursos Humanos

Al igual que le sucedió a la administración de Acevedo Vilá, el gobierno actual enfrentó un serio problema del flujo de efectivo para poder honrar sus compromisos, particularmente el pago de nómina y los demás compromisos financieros, particularmente a los suplidores. Para evitar un otro disloque fiscal que afectara la estabilidad del nuevo gobierno y tener espacio para implementar su programa de ajuste fiscal, mediante legislación, el equipo económico dirigido por Carlos García, presidente del Banco Gubernamental de Fomento, reestructuró

---

15 Para garantizar la liquidez del gobierno, la administración realizó esta emisión de bonos como parte de la estrategia fiscal y las medidas para financiar algunas de las medidas de la Ley 7.

el IVU y utilizó un 1% de la parte asignada al Fondo General, para respaldar una emisión de bonos respaldados por la Corporación del Fondo de Interés Apremiante de Puerto Rico (COFINA).[16] Esto permitió mejorar la posición de liquidez del gobierno y proveyó los recursos necesarios para financiar la reestructuración fiscal y las otras medidas económicas de la administración. Esta emisión permitió crear lo que se conocería como el Fondo de Estabilización ($2,000 millones) para subsanar gran parte del déficit estructural del fondo general. En marzo de 2009, el Ejecutivo y la Legislatura aprobaron la Ley 7, que declaraba la política pública y las acciones gubernamentales para atender la crisis fiscal. El catálogo de medidas incluía una variedad de impuestos adicionales así como recortes en el gasto público, incluyendo el despido de empleados públicos. Desde bien temprano en el cuatrienio, el Gobernador y su equipo cercano tenían como norte principal estabilizar las finanzas públicas, sin considerar los potenciales costos políticos de las estrategias que serían adoptadas. En su primer mensaje de presupuesto[17] resumió su plan de emergencia fiscal en tres puntos:

> *Aunque tendremos que hacer sacrificios, lo haremos con sensibilidad y compromiso, tomando en consideración siempre que el bienestar de TODO el pueblo va por encima del interés particular de algunos. Esos sacrificios nos permitirán recobrar nuestro progreso económico, crear más y mejores empleos y devolver más dinero a tu bolsillo. Tres de las cuatro piezas legislativas que componen los pilares de este Plan de Reconstrucción de Puerto Rico ya han sido aprobadas... y la cuarta, no tengo duda, será aprobada próximamente.*

> *En primer lugar, aprobamos la Ley Especial Sobre Emergencia Fiscal para atender de inmediato la grave crisis fiscal que amenazaba la estabilidad del gobierno*

---

16 La Corporación del Fondo de Interés Apremiante se creó en virtud de la Ley que habilitó el Impuesto de Venta y Uso (IVU). Un por ciento del IVU iría destinado a COFINA para pagar una deuda que no tenía fuente de repago.

17 Fuente: Oficina de Gerencia y Presupuesto 2009-10

y el bienestar de todos los puertorriqueños. Está claro que eliminar un déficit estructural de más de $3,233 millones de dólares—aun en un período de cuatro años—va a requerir medidas severas de recorte de gastos, así como medidas para aumentar los ingresos del gobierno. Pero créanme que lo vamos a eliminar… la era de la irresponsabilidad fiscal del gobierno de Puerto Rico SE ACABÓ. El gobierno tendrá un déficit fiscal…pero a esta Administración le sobra voluntad para resolverlo.

La segunda pieza de legislación que compone nuestro Plan de Reconstrucción de Puerto Rico—que ya hemos aprobado y firmado—permitirá que los sobre $5,000 millones de dólares que estaremos recibiendo bajo el Plan de Estímulo Económico Federal lleguen a los bolsillos de nuestra gente y se usen para beneficio directo del pueblo lo antes posible. Con el apoyo comprometido de los 78 alcaldes vamos a lograr obra pública en áreas como vivienda, educación, salud, energía, y tecnología en tiempo récord. No hay duda de que esta ayuda federal nos viene cuando más la necesitamos…y hoy, cuando se cumplen los primeros 100 días de la administración del Presidente Obama, el pueblo de Puerto Rico, que sabe ser agradecido, cuenta sus bendiciones por ser ciudadanos de la Nación más generosa del mundo.

En tercer lugar, ya hemos comenzado a implantar nuestro Plan de Estímulo Económico Criollo de $500 millones de dólares para proveerle alivios directos a nuestra gente, nuestros pensionados, nuestros comerciantes…y construir vivienda, obra permanente de infraestructura…y crear empleos en cada pueblo de Puerto Rico. Mis socios en este esfuerzo son los 78 alcaldes de la isla…y esta noche me complace anunciar que las peticiones de los 78 alcaldes para asignaciones de fondos bajo el Plan de Estímulo Económico Criollo ya han sido aprobadas y los fondos están en camino.

Este plan, junto con el plan de estímulo federal, y un estímulo adicional que proveerá el Banco Gubernamental de Fomento, representarán una inyección de sobre $7,500 millones de dólares en nuestra economía en un período de dos años. Con esta inyección, ya hemos empezado a reconstruir a Puerto Rico...poniéndolo nuevamente a producir. ¡Las subastas ya están saliendo y la economía ya se ha empezado a mover!

El Plan de Rescate Económico y Fiscal

La reducción de la nómina y otros gastos operacionales, unido a las otras medidas impositivas debían tener el efecto de producir economías sobre $1,500 millones, lo que implicaría la reducción en 50% del déficit fiscal actual a corto plazo. Sin embargo, tal programa de ajuste fiscal, aunque ha permitido estabilizar las finanzas públicas y mejorar el crédito del gobierno, tuvo el efecto de afectar el lado productivo de la economía. Uno de los principales defectos del programa de estabilización fiscal fue que concentró gran parte de los nuevos impuestos en las personas de altos ingresos y la clase media. Por ejemplo: los impuestos sobre la propiedad inmueble tuvieron el efecto de afectar la industria de los bienes raíces que ya venía en tendencia negativa, mientras que los impuestos sobre las corporaciones regulares y los que ganan más de $100 mil anuales tuvieron el efecto de debilitar aún más la poca riqueza que queda en el País. Igualmente, la reducción de 20 mil empleados públicos, aunque representó un ahorro de $600 millones en gastos, tuvo el efecto de reducir la demanda agregada y afectar la actividad privada dentro de la economía.

MEDIDAS IMPOSITIVAS

A pesar de que en una recesión, la imposición de nuevas contribuciones tiene el efecto de agudizar más la contracción económica, el gobierno escogió la ruta de habilitar nuevas contribuciones para ingresar recursos fiscales adicionales y evitar la degradación del crédito gubernamental. A continuación presentamos los impuestos habilitados por el gobierno en virtud de la Ley 7.

MEDIDAS CONTRIBUTIVAS HABILITADAS POR LA LEY 7

Contribución	Efecto
Crédito por Compra de Productos Manufacturados en Puerto Rico	No se permite reclamar este crédito contra el impuesto sobre venta y uso (IVU).
Arbitrio sobre Cigarrillos	Aumenta el arbitrio sobre cigarrillos $1.00 por cajetilla de veinte. Se considera una posible emisión de bonos de sobre $300 millones utilizando como fuente de repago los ingresos de este nuevo arbitrio.
Arbitrio sobre Vehículos de Motor	Tributa las motocicletas como "automóviles" para propósitos del arbitrio sobre vehículos de motor.
Impuesto sobre la Venta y el Uso (IVU)	Sustituye la exención para revendedores con un crédito por el impuesto pagado y adelanta la fecha de pago al décimo día del mes siguiente.
Arbitrio sobre Bebidas Alcohólicas	Aumenta el arbitrio sobre el vino 35 o 70 centavos por galón, dependiendo de la clasificación.

Arbitrio sobre Cervezas	El arbitrio sobre cerveza aumenta 46 centavos por galón, si es local, y 30 centavos por galón, si es importada. Se sostiene diferencial de un 20% hasta un 30% entre el arbitrio sobre la cerveza local y la importada.

MEDIDAS TEMPORALES

Contribución	Efecto
Contribución Alternativa Mínima a Corporaciones	Para los años 2009 al 2011, elimina cualquier deducción por gastos incurridos fuera de Puerto Rico para propósitos de la contribución alternativa mínima de corporaciones.
Sobre Tasa Especial a Individuos y Corporaciones	Los contribuyentes, tanto individuos como corporaciones, con ingreso bruto ajustado de más de $100 mil ($150 mil para personas casadas que rindan planilla conjunta), tendrán que pagar una cantidad adicional con su planilla, igual a 5% de su contribución determinada. Por ejemplo: si la responsabilidad contributiva sobre ingresos para un individuo es $100 mil, este pagará $105 mil. Esta medida estará en vigor para los años calendario 2009, 2010 y 2011.
Impuesto a Cooperativas de Ahorro y Crédito	Durante los años 2009 al 2011, las Cooperativas de Seguro cuyo ingreso neto exceda $250 mil estarán sujetas a una contribución sobre ingresos especial de 5%.

Impuesto a Entidades Bancarias Internacionales	Durante los años 2009 al 2011, las entidades bancarias internacionales estarán sujetas a una contribución especial de 5% sobre el ingreso neto, no sujeto a contribución regular.
Contribución Especial sobre Propiedad Inmueble Residencial	Durante los años fiscales 2009-2010 al 2012-2013, los dueños de residencias no exoneradas (generalmente casas de más de $210 mil) pagarán el doble de contribución sobre la propiedad: la cantidad que ahora le pagan al CRIM y una cantidad igual al Secretario de Hacienda.
Moratoria de Créditos Contributivos	Excepto por los créditos contributivos bajo las leyes de Turismo, Cine y Ley de Incentivos, no se concederán créditos contributivos en los años 2009, 2010 y 2011. Además, se ordena al Secretario de Hacienda analizar el impacto económico y fiscal de los créditos contributivos legislados para que rinda un informe en o antes del 30 de junio de 2010.

Finalmente, el plan habilitado mediante la Ley 7 propuso medidas bien agresivas para reducir la nómina y los gastos asociados a este importante renglón. Particularmente, el programa de ajuste fiscal propone la reducción en gastos operacionales y de nómina por $2,000 millones anuales.

El Modelo Estratégico para la Nueva Economía (MENE)

De forma paralela a los esfuerzos de reestructuración fiscal que dirigía Carlos García, presidente del Banco Gubernamental de Fomento, el equipo de desarrollo económico de la administración, encabezado por José Pérez-Riera, habilitó un Plan Económico al que le llamaron "Modelo Estratégico para una Nueva Economía" (MENE). Este documento contiene los principios rectores y una serie de guías programáticas para conducir las acciones gubernamentales sobre desarrollo económico. La estructura conceptual del MENE está fundamentada en tres componentes: restaurar el crecimiento con medidas de corto y mediano plazo; en segundo lugar, busca el desarrollo de la infraestructura física mediante el impulso de los proyectos estratégicos; y en tercer lugar, promueve la competitividad de la Isla mediante reformas claves para reducir los costos de hacer negocios en la Isla.

Por ejemplo: desde la perspectiva del MENE, la Reforma Contributiva y la reforma del sistema de permisos logradas en el 2010 y el 2011, respectivamente, corresponden a la búsqueda de competitividad. Sin embargo, la reforma laboral, algo fundamental para mejorar la competitividad de Puerto Rico, parece que no va a poder lograrse en las condiciones políticas vigentes. De igual forma, la respuesta del gobierno ante la necesidad de reducir los costos energéticos, el proyecto denominado "Vía Verde", que propone la construcción de un gasoducto entre el sur y norte de la Isla, está bajo fuerte cuestionamiento de amplios sectores del País. Este proyecto pretende reducir la dependencia en el petróleo a 30% en el 2012 mediante el uso del gas natural, para disminuir los costos energéticos que enfrentan los consumidores y empresarios.

El MENE propone, entre otras cosas, la diversificación de la base económica, poniendo énfasis en otros sectores productivos de alto potencial como son: los servicios, el turismo, la banca, la alta tecnología y el desarrollo de la capacidad de exportación de las industrias locales. Además de las iniciativas gubernamentales para fortalecer los llamados sectores estratégicos de la economía, el MENE incorpora a la estrategia económica el impulso a una diversidad de proyectos de infraestructura, como son el redesarrollo de la antigua base Roosevelt Roads, del aeropuerto Rafael Hernández ubicado en Aguadilla, la culminación del Puerto de Las Américas ubicado en Ponce, el desarrollo de la Ciudad de las Ciencias y la finalización de la zona turística conocida como "Triángulo Dorado". El razonamiento estratégico que fundamenta cada uno de estos proyectos es el de proveer unos polos de desarrollo económico regionales, alrededor de los cuales ocurran actividades económicas que generen empleos en las diferentes áreas poblacionales y que cada zona genere ventajas competitivas. La falta de inversión gubernamental y privada ha sido uno de los principales obstáculos para poder desarrollar muchos de estos proyectos. El gobierno ha descansado en gran medida en el modelo de las alianzas público-privadas para atraer el capital y el peritaje necesario para impulsar estas importantes obras de infraestructura. A finales del 2011, el gobierno había logrado privatizar algunas facilidades viales, que generó $1,000 millones a la Autoridad de Carreteras y estaba a punto de concesionar el Aeropuerto Internacional Luis Muñoz Marín. Gran parte del ingreso de estas concesiones sería utilizado para pagar la deuda de la Autoridad de Carreteras y de la Autoridad de Puertos, respectivamente.

Resultados del plan económico y fiscal

Los economistas que hemos estado analizando la actual situación económica de Puerto Rico, hemos llegado al consenso de que durante el 2011 la economía aún se encuentra en recesión, aunque algunos sectores dan síntomas de recuperación, como lo son la venta de hogares, la venta de autos y las exportaciones. Al concluir el año fiscal 2011, la economía habrá estado en recesión por cinco períodos fiscales (años). La economía se ha reducido en 13%. Se han perdido 202 mil empleos, la industria bancaria se ha reducido en una tercera parte. A nivel social, el deterioro no tiene precedentes. En el 2011, la tendencia apunta a que se cometerán 1,200 asesinatos; el nivel más alto registrado en Puerto Rico. Los sondeos de opinión pública y las encuestas formales reflejan un pesimismo colectivo en la población y la mayoría de las personas piensan que las cosas se pondrán peor antes de mejorar. Es en ese contexto que hay que evaluar las acciones gubernamentales y sus resultados para lidiar con la actual crisis económica y social.

Posiblemente por razones sociológicas e históricas, los puertorriqueños estamos acostumbrados a buscar y esperar soluciones fáciles a los problemas que nos afectan. Por tres décadas el País vivió en una especie de ficción que le hizo pensar que la bonanza económica y la abundancia no tendrían un final. Muy pocos sectores de la sociedad puertorriqueña, estaban preparados para la duración y magnitud de la actual crisis socioeconómica. Así las cosas –y conociendo como funciona el gobierno– puedo afirmar, sin temor a equivocarme, que ningún gobierno, sea del Partido Nuevo Progresista o del Partido Popular, va a poder resolver los actuales problemas en un solo cuatrienio. El endeudamiento gubernamental, el gigantismo del aparato público y la politización de los asuntos económicos medulares han sido factores claves en el diseño de la actual crisis económica. El presente gobierno, al igual que el de Acevedo Vilá, han intentando administrar dentro de la gran la crisis y han tratado de resolver problemas estructurales dentro de las grandes presiones fiscales, políticas y sociales que han caracterizado el inicio de este nuevo siglo.

El gobierno actual ha sido efectivo en atender el enorme problema fiscal que por poco provoca la degradación a "chatarra" de los bonos del gobierno. Para resolver este problema, tuvo que recurrir a duras medidas fiscales, como el despido de empleados públicos y la imposición de contribuciones. Ningún político toma las decisiones impopulares que ha tomado el actual gobernador para enderezar las finanzas públicas. Sin embargo, al igual que los gobiernos anteriores, la actual administración ha tenido que recurrir al uso de la deuda pública para sostener algunas operaciones gubernamentales. Entre el 2008 y el 2010, la deuda pública aumentó de $53,392 a $62,206 millones. Máxime que para muchos puertorriqueños, la calidad del crédito gubernamental es un tema sin importancia.[18] Al final del día, la cultura política local gira en torno a *"cuánto me puede dar el gobierno para vivir lo más cómodo posible con el menor esfuerzo"*. Desde esta perspectiva, las medidas del actual gobernador se alejan de lo que es políticamente correcto y lo han colocado en el actual nivel de poca aceptación del electorado, que evidencian las más recientes encuestas y sondeos. Irónicamente, algo similar le ocurrió al exgobernador Aníbal Acevedo Vilá, quien se vio obligado a pasar el Impuesto de Venta y Uso (IVU) como una medida que permitió la reapertura del gobierno y evitó la degradación del crédito gubernamental. Ambos gobernantes tomaron medidas difíciles políticamente hablando, a favor de la mejoría fiscal del País. Desde ese punto de vista, el actual y anterior gobernante parecen compartir un denominador común: ambos se vieron acorralados por la crisis económica y fiscal que afectó grandemente su capacidad de gobernar de forma efectiva. La falta de instrumentos para neutralizar la crisis, la imposibilidad de lograr el entendimiento del pueblo y la ingobernabilidad cada vez más aguda del País, impidió que ambos líderes pudieran ser eficaces en su gestión gubernamental.

---

18 Los gobiernos, al igual que los consumidores, necesitan tener un buen crédito para poder tomar prestado en condiciones favorables. Mientras más baja sea la calificación del crédito del gobierno, más costosos serán los términos para tomar prestado. En el 2010, la deuda del Gobierno de Puerto Rico, las corporaciones públicas y los municipios ascendió a $62,206 millones.

A mediados de agosto del 2011, la situación económica y fiscal de Puerto Rico se complicó aún más, con la degradación del crédito de Estados Unidos y la caída de los mercados financieros. Además de los problemas fiscales del gobierno federal, la crisis fiscal en Europa está provocando inestabilidad a los mercados financieros globales, lo que sugiere que la economía global pudiera entrar nuevamente en un período de recesión económica. El panorama parece complicarse aún más, ante el hecho de los acuerdos entre la Casa Blanca y el liderato Republicano de la Cámara de Representantes para aumentar el tope de la deuda pública. El 8 de agosto de 2011, Moody's, una de las agencias que evalúa el crédito del gobierno, degradó la deuda del gobierno central. Tal movida respondió primordialmente a la crisis financiera del sistema de la Administración de los Sistemas de Retiro, que enfrenta un déficit actuarial de $25 mil millones. Además, la agencia evaluadora del crédito fundamentó su decisión en la debilidad económica de la Isla, el alto nivel de desempleo y la utilización de préstamos para cuadrar el presupuesto.

LAS IMPLICACIONES DE UNA REDUCCIÓN EN LOS FONDOS FEDERALES

Una de las posibles repercusiones sobre la economía local de la difícil situación fiscal de Estados Unidos, es la introducción de recortes en el gasto público del gobierno federal. La realidad es que las transferencias federales tienen un peso importante en el funcionamiento económico del País. La enorme cantidad de fondos que envía el gobierno federal, ha venido a subsanar las debilidades estructurales de la propia economía, al punto de que casi la mitad de la población recibe algún tipo de ayuda. En el 2010, las transferencias federales representaron el 27% del Producto Nacional Bruto (PNB), lo que evidencia el rol que tienen los fondos federales generando demanda por bienes y servicios dentro de la economía. Una reducción significativa de estos fondos puede tener el efecto de contraer más la economía, lo cual aumentaría las fricciones sociales que ya son evidentes.

Transferencias Federales
(millones)

Fuente: *Informe Económico al Gobernador, 2010*

Si para reducir su déficit, el gobierno federal decide introducir cambios en su estructura de gastos, que impliquen reducciones en las transferencias federales, entonces la recuperación de la economía local se puede ver seriamente afectada. Industrias completas como la de alimentos, la de educación post-secundaria y la de salud, pueden sufrir un terrible impacto. Estos sectores productivos dependen directamente de las transferencias federales. Una reducción en los fondos del PAN puede implicar que amplios sectores de la población vean limitado su acceso a los alimentos. Los fondos del PAN representan casi una tercera parte del gasto de los consumidores en alimentos. En la industria de la salud, casi la mitad de los $8,000 millones de gastos en ese renglón provienen de fondos federales. La viabilidad del programa de salud del gobierno, conocido como "Mi Salud", tendría serios problemas para subsistir sin el financiamiento federal. Finalmente, el propio gobierno recibe sobre $5,000 millones en fondos federales para el funcionamiento de diversos programas gubernamentales. Ante la nueva realidad fiscal, al gobierno local no lo quedará otra opción que repensar el actual modelo de dependencia en los fondos federales y darle paso a cambios radicales en las políticas públicas sustentadas en estos fondos.

CAPÍTULO 4

EL ROL DEL SISTEMA FINANCIERO EN LA ECONOMÍA

Un factor que ha hecho que la actual crisis sea muy diferente a las anteriores, es el hecho que de que el sector bancario también se ha visto afectado por la recesión. Es innegable que uno de los principales logros alcanzados durante la implementación del modelo económico fundamentado en la Sección 936, fue la consolidación de un sector bancario moderno y altamente capitalizado.[19] Entre el 1980 y el 2005, la industria financiera local se convirtió en punta de lanza de la economía de Puerto Rico con una estructura dinámica y sólida, y dirigida por sofisticados profesionales. El acceso a los depósitos 936, que eran fondos de las corporaciones multinacionales ubicadas en la Isla[20], permitió una expansión de la industria bancaria que resultó clave para el crecimiento económico alcanzado en las últimas tres décadas. El costo relativamente bajo de esos depósitos 936, permitió a la banca prestar en condiciones muy favorables a los consumidores y a la comunidad de negocios, particularmente a las corporaciones y a los desarrolladores de vivienda. En su mejor momento, los depósitos de las corporaciones 936 en la banca llegaron hasta $13,521 millones. Este nivel de liquidez estable y de bajo costo, fue esencial para que la banca se consolidara como una industria estratégica dentro

---

19 Una banca "bien capitalizada" se refiere a que la base de capital de las instituciones bancarias sea aceptable para que la banca pueda llevar a cabo su rol de intermediación financiera de forma efectiva.

20 Las corporaciones 936 generaban depósitos en el sistema local como una medida para evitar el pago del impuesto de salida. Estos fondos le daban liquidez al sistema financiero.

de la economía y esencial para el dinamismo económico que tuvo la Isla entre el 1976 y el 2000.

El conglomerado industrial compuesto por la Sección 936 y el sector bancario eran parte de un sofisticado ecosistema productivo-financiero que servía como la columna vertebral de la economía puertorriqueña. El nivel de sofisticación permitió incluso que en el 1989, bajo la administración del gobernador Rafael Hernández Colón, se aprobara la Ley del Centro Bancario Internacional para promover a la Isla como un centro financiero internacional. Según Pantojas, esta iniciativa, al igual que el desarrollo del programa de la "Iniciativa para la Cuenca del Caribe", formaba parte de la visión de Hernández Colón de convertir a Puerto Rico en una economía regional-hemisférica, capitalizando sobre las ventajas de industrias claves como la manufactura, la banca y el turismo. A través de la Iniciativa para la Cuenca del Caribe, la banca podía utilizar los depósitos 936 para financiar proyectos de desarrollo económico en países ubicados en la región caribeña. Esto permitió que se llevaran a cabo proyectos en los cuales empresas de manufactura ubicadas en la Isla, podían beneficiarse mediante el concepto de plantas gemelas. Mediante este programa, empresas intensivas en mano de obra, ubicadas en el Caribe, comenzaban un producto que, eventualmente, se finalizaba en una planta localizada en Puerto Rico.

En la Isla se terminaban las partes que aportaban un mayor valor agregado. Esto permitía la creación de empleos y actividades económicas en la región del Caribe, en las que Puerto Rico actuaba como epicentro financiero e industrial. Este programa contaba con el apoyo del gobierno federal y respondía a la visión del presidente Ronald Reagan, de neutralizar la expansión del socialismo inspirado en la revolución cubana en la región del Caribe. Puerto Rico fue parte esencial de esa estrategia de Estados Unidos, exportando desde la Isla financiamiento y proyectos industriales para lograr la estabilidad y el crecimiento económico en la región.

La expansión industrial y bancaria lograda en la década del 1970 y del 1980 provocó la llegada a Puerto Rico de bancos norteamericanos como el Chase, Bank of America, CitiBank y el Bank of Boston (Pantojas, 1989). De igual forma, incursionaron en la Isla importantes entidades financieras dedicadas al corretaje como Payne Webber, Merrill Lynch, Dean Witter y Prudential, entre otras. Entre el 1978 y el 1988, los activos totales de los bancos comerciales aumentaron de $10.8 billones a $18.3 billones. Durante ese mismo período los depósitos 936 aumentaron de $1.6 billones a $6.5 billones en el 1988. Las instituciones financieras fueron las principales beneficiadas de los depósitos 936, ya que dominaban el 50% de estos fondos. Sin embargo, más allá del sector bancario, la economía en su totalidad benefició grandemente por el incremento de estos depósitos y la disponibilidad de préstamos a términos muy favorables para los consumidores. En la década del 1980 y el 1990, la economía local fue muy favorecida por el aumento de la actividad manufacturera cobijada por la Sección 936 y por la expansión financiera alimentada por este crecimiento industrial.

LOS ORÍGENES DE LA CRISIS BANCARIA

Los problemas de la banca comenzaron un poco después de la eliminación de la Sección 936 en el 1996. Al iniciarse el cierre de establecimientos industriales y acelerarse el éxodo de corporaciones manufactureras, a finales de la década del 1990 y principios del 2001, los depósitos 936 comenzaron a reducirse hasta literalmente desaparecer en el 2005, que marcó el último año del período de desfase gradual de la eliminación de la Sección 936 (1996 al 2005). La reducción y eventual desaparición de estos depósitos obligó a los bancos a buscar otras fuentes de fondos, para sustituir los que venían de las corporaciones cobijadas bajo la antigua Sección 936. La industria bancaria tuvo entonces que buscar fondos a unos costos que no resultaban tan favorables como los que tenía anteriormente con los depósitos de las corporaciones. En un principio la banca tuvo la ventaja de tener acceso a "depósitos negociados" a tasas relativamente favorables, lo que permitió mantener niveles de rendimiento aceptables en los préstamos. Sin embargo, con el enfriamiento de la economía al principio del 2002, comenzaron a mermar los depósitos originados localmente (depositantes locales). Esto provocó un aumento en la dependencia de los depósitos no locales (con un costo más alto) que comenzó a reducir el nivel de costo/rendimiento de los préstamos, lo que afectó los niveles de rentabilidad de algunas instituciones. De hecho, el último banco norteamericano que quedaba en Puerto Rico, el CitiBank, cesó operaciones en el 2005. Por primera vez en su historia, la Isla no contaría con un banco comercial de Estados Unidos.

La industria bancaria se quedó en ese momento con diez bancos comerciales (dos entidades españolas, un banco canadiense y siete instituciones "puertorriqueñas"). Más adelante, la industria bancaria solo quedaría compuesta por siete instituciones bancarias. El segundo problema que llevó a la crisis bancaria fue el exceso de financiamiento de proyectos de construcción. A partir del 2005, según la economía comenzaba a entrar en la actual recesión, los bancos continuaron financiando cientos de proyectos de construcción residencial y comercial. Posiblemente, ni los desarrolladores ni la gerencia de los bancos pudieron prever que la economía local iba camino a la peor recesión en su historia y, a pesar de que para el 2006 era claro que la economía estaba en recesión, nadie pudo anticipar la longitud y profundidad del ciclo de contracción. Previo al inicio de la crisis, la industria de la construcción venía de un ciclo prolongado de alto volumen en producción, ventas y ganancias. Durante la década del 1990, la industria producía 12 mil casas anuales y en la década del 2000 este volumen aumentó a cerca de 15 mil unidades anuales. El abundante inventario de viviendas, unido al inicio de la crisis económica y, por ende, a una reducción en la demanda, provocó un desfase entre las casas disponibles para vender y la demanda efectiva, creando un exceso de inventario que ha llegado a 16 mil unidades nuevas. Este estancamiento provocó el deterioro en la cartera de préstamos de construcción y, por ende, un debilitamiento en los activos de algunas entidades bancarias.

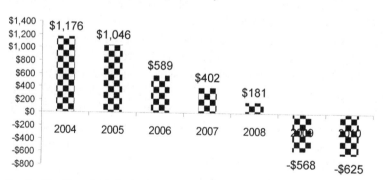

Ingreso Neto de la Banca Comercial
(millones)

Fuente: Comisionado de Instituciones Financieras

A partir del 2008, la industria bancaria –que en los momentos de bonanza económica llegó a ser una de las empresas más rentables de la Isla–, pasó a un período de altos niveles de pérdidas que ocasionó una gran erosión en la riqueza acumulada por décadas en Puerto Rico. El valor de la capitalización de mercados de las acciones comunes de los bancos locales se redujo de $21 mil millones en el 2005 a $2,500 millones antes de la consolidación bancaria. El colapso en el valor de mercado de las acciones y el capital de los bancos, significó una gran pérdida de riqueza y capital que desestabilizó al resto de la economía. En el 2009, en medio de la crisis financiera de Estados Unidos, Banco Popular y FirstBank recibieron $935 millones y $500 millones, respectivamente, del Departamento del Tesoro Federal como parte del programa para rehabilitar los activos tóxicos de la banca (TARP, por sus siglas en inglés). La realidad era que la banca local estaba expuesta a un riesgo sistemático que podía afectar el resto del sistema financiero y afectar la estabilidad económica del País.

Al agudizarse la recesión, en el período del 2009 al 2010, la situación de los bancos se agravó aún más provocando que en abril 30 de 2010, el Federal Deposit Insurance Corporation (FDIC) junto con el Comisionado de Instituciones Financieras, hicieron la mayor consolidación bancaria que se haya llevado a cabo en Puerto Rico, con el cierre de tres bancos locales. Westernbank fue adquirido por Banco Popular, RG pasó a manos de Scotiabank y Eurobank fue integrado a Oriental Bank. La adquisición de estas tres instituciones fue garantizada por $5,000 millones de dólares provistos por el FDIC, para mitigar las posibles pérdidas de los tres bancos que adquirieron los activos de las instituciones financieras intervenidas. Al momento de la intervención de los reguladores locales y federales, las tres instituciones estaban al borde de la insolvencia como resultado del deterioro de sus activos y la reducción de capital. Como resultado, la industria bancaria se consolidó entre siete bancos.

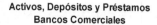

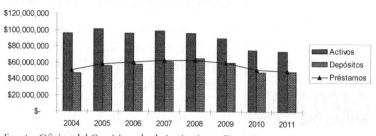

Fuente: Oficina del Comisionado de Instituciones Financieras

El resultado de la crisis y de la propia consolidación de la industria bancaria ha provocado una reducción dramática en sus activos. De un total de $95,950 millones en activos en el 2006, en el 2010 se redujeron a $75,517 millones. Igual suerte han corrido otros indicadores importantes de la industria, particularmente la cartera de préstamos, que se ha reducido de $59,682 a $49,706 millones. Esta reducción ha tenido un efecto adverso en la economía ya que le ha quitado liquidez al sistema productivo, agravando aún más la recesión. En esencia, los problemas de la banca han reducido la habilidad de esta industria de llevar a cabo su rol de intermediación financiera; particularmente se ha limitado su capacidad de proveer crédito a los consumidores y al sector empresarial en el peor momento posible. Desde esta perspectiva, la crisis bancaria se configura con el aumento en los costos operacionales y la reducción en las ventas para crear un gran reto para el ecosistema empresarial.[21]

---

21 Las empresas y los consumidores han tenido que enfrentar tres retos fundamentales: reducción en el ingreso, una disminución en las ventas y el aumento en los costos de hacer negocios.

LA BANCA LUEGO DE LA CONSOLIDACIÓN DEL 2010

Ante la desaparición de los fondos 936, la industria financiera hizo una movida muy creativa al desarrollar una industria de fondos mutuos, que permitió crear vehículos financieros para preservar capital dentro de Puerto Rico. La misma ha llegado a un nivel de sofisticación y fortaleza que es clave dentro de la actividad económica de la Isla.

Luego de la consolidación bancaria, la industria aún continúa débil y con poca capacidad para prestar dinero. Los bancos que absorbieron a las instituciones financieras intervenidas, están lidiando con la rehabilitación de los activos que obtuvieron de los bancos disueltos y la integración de las operaciones. El regulador federal continúa monitorizando la manera en que los bancos operan en el nuevo contexto y la crisis inmobiliaria continúa siendo el principal reto de la industria. Al entrar en su quinto año en recesión, el sector de la vivienda todavía enfrenta grandes problemas. El exceso de inventario está afectando los valores de la propiedad existente y, en algunos casos, la pérdida de valor de los bienes raíces es de 30%. Esta devaluación en el valor de las propiedades está provocando que se incremente la pérdida de riqueza, que afecta no solo a la banca sino a los consumidores en general. Será difícil pronosticar qué va a ocurrir con estas unidades, máxime cuando el mercado laboral sigue deprimido y las industrias que pagaban grandes salarios, como las farmacéuticas, siguen reduciendo sus operaciones en la Isla. Lo que sí podemos afirmar, sin temor a equivocarnos, es que Puerto Rico necesita de una industria bancaria sólida y estable para respaldar cualquier proceso de reactivación económica en el corto plazo. El consenso actual entre los economistas y los líderes de la industria es que la banca se mantendrá en el actual ciclo de debilidad al menos hasta mediados del 2012. Sin embargo, es importante que la banca se recupere lo más pronto posible para que pueda apoyar el proceso de recuperación económica del País. A mediados del 2011, a pesar de la situación de adversidad económica, llegó a la Isla el principal grupo bancario en Venezuela, Banesco, que posee activos ascendentes a $12 mil millones. Dicha institución incursionó en Puerto Rico con una sucursal de Banesco USA, ubicada en Miami, para ofrecer una alternativa bancaria a la comunidad empresarial y fomentar el comercio internacional. La llegada de Banesco demuestra que aun dentro de las dificultades, Puerto Rico ofrece oportunidades. Banesco, además, persigue ayudar a incrementar el comercio exterior de las empresas locales en los mercados de la región.

EL FORTALECIMIENTO DE OTROS COMPONENTES FINANCIEROS

LA INDUSTRIA DE FONDOS MUTUOS

A pesar de las dificultades por las que atraviesa la industria bancaria, hay otros componentes dentro de la industria financiera que han experimentado un fortalecimiento, aun en la recesión. Un buen ejemplo de esto es la industria de fondos mutuos y corretaje, que aumentó de $26,455 millones en el 2006 a $31,753 millones en el 2011, y se ha convertido en un importante generador de actividad económica y en un excelente vehículo para retener riqueza dentro del País. Esta industria ha jugado un rol estratégico en proveer productos financieros que le brindan altos rendimientos a los inversionistas y, a la vez, le han permitido al gobierno colocar gran parte de las emisiones de bonos para financiar ciertas actividades y proyectos de infraestructura necesarios para el País. Incluso en momentos en que el gobierno ha tenido problemas de liquidez financiera para llevar a cabo sus operaciones básicas, esta industria le ha dado opciones para levantar recursos. Recientemente, ante la difícil situación de la banca tradicional, esta industria ha entrado a financiar importantes proyectos turísticos y comerciales de alto impacto en la economía de la Isla.

EL COOPERATIVISMO COMO ALTERNATIVA

A pesar de la crisis de la banca, las cooperativas de ahorro y crédito han mostrado cierta estabilidad y dinamismo, aun dentro de la crisis económica y fiscal. El cooperativismo como modelo de organización social y económica le ha servido bien a Puerto Rico. Diversos sectores sociales del País han visto en el cooperativismo la respuesta a sus necesidades económicas y de crédito. A pesar de su alta efectividad como componente económico, este modelo no ha sido maximizado por el gobierno ni por los otros sectores productivos que ahora casualmente se ven debilitados por la actual crisis. Dentro de la coyuntura de reinvención económica que atraviesa Puerto Rico, el cooperativismo se convierte en una alternativa socialmente deseable para impulsar la recuperación socioeconómica del País.

Por ejemplo, ante la crisis del sector bancario, las cooperativas son una alternativa para atender parte del vacío dejado por la banca. El cooperativismo no es meramente un sector económico, sino parte de un complejo y sofisticado andamiaje organizacional que beneficia a cerca de una cuarta parte de la población. La actividad de las cooperativas tiene un impacto significativo a través de todos los sectores de la estructura productiva del País.

Total de Activos y Préstamos
Cooperativas

Fuente: Oficina del Comisionado de Instituciones Financieras

La actividad económica generada por las cooperativas crea riqueza financiera que se queda en la Isla, no es especulativa y provee acceso a productos financieros a amplios sectores socioeconómicos de la población. En momentos en que la banca tiene limitaciones para ampliar su oferta de préstamos, hay que potenciar a las cooperativas de ahorro y crédito. De hecho, el movimiento cooperativo es uno de los pocos sectores que no ha colapsado ante la recesión económica. También ha generado un impacto en las cooperativas, la gran mayoría de estas han sido capaces de articular estrategias para superar los actuales desafíos.

Contrario a la banca comercial, las cooperativas han mantenido mayor estabilidad y vitalidad que los demás sectores productivos. Esta estabilidad se fundamenta en el modelo socioeconómico que le sirve de base, y en la capacidad y el liderato gerencial del movimiento cooperativista. Sus principios sociales y económicos lo hacen un modelo aplicable a otras industrias como la agricultura, la industria de servicios, e incluso otros sectores más sofisticados como la manufactura y los seguros.

El sistema cooperativista de ahorro y crédito posee un total de activos conjunto de $7,500 millones y cuenta con un millón de socios a través de todo Puerto Rico. Esta base de capital representa una gran oportunidad para posicionar al cooperativismo como un componente fundamental de cualquier estrategia económica que se contemple para el futuro. Sus principios de solidaridad social, participación democrática y libre adhesión, convierten al cooperativismo en el modelo ideal para activar sectores socioeconómicos rezagados y que hoy se encuentran fuera de los procesos productivos. Hoy más que nunca, debemos mirar la alternativa cooperativista como una opción real para el desarrollo social y económico de Puerto Rico.

VENTAJAS DE LAS COOPERATIVAS

Las cooperativas ofrecen todo tipo de productos financieros, desde préstamos personales y tarjetas de crédito, hasta préstamos para autos y productos hipotecarios. Recientemente, las cooperativas han incursionado con mayor activismo en el mercado hipotecario para atender gran parte del vacío dejado por los bancos hipotecarios afectados por la crisis. El enfoque de la actividad prestataria en este renglón ha estado enfocado mayormente en la vivienda de precios moderados.

Por lo general, las cooperativas ofrecen términos e intereses competitivos que benefician al consumidor. Bajo el modelo cooperativista, los socios accionistas son dueños de la cooperativa, los dividendos son exentos del pago de contribuciones y participan en la toma de decisiones de la entidad mediante las asambleas de socios. Los depósitos de las cooperativas están asegurados hasta $250 mil por la Corporación de Supervisión y Seguro de las Cooperativas (COSSEC).

CAPÍTULO **5**

ESTRATEGIAS PARA SUPERAR LA CRISIS ECONÓMICA

De la misma forma en que Puerto Rico fue capaz de superar los desafíos que representaron las dos grandes crisis económicas anteriores a la actual, estoy convencido de que el País tiene el potencial para salir airoso de la encrucijada en la que se encuentra hoy. No hay duda de que la crisis de nuestros días tiene una dimensión histórica muy similar a la del 1930 y la del 1973, lo que impone un alto nivel de responsabilidad al proceso de búsqueda de soluciones y alternativas, para enfrentarla y superarla. Esencialmente, esta generación tiene que actuar con determinación y voluntad para poder superar los retos de hoy. En las anteriores instancias históricas, los puertorriqueños fuimos capaces de derrotar los desafíos y crear una nueva realidad económica y social. Si algo caracterizó los procesos de reinvención anteriores fue la búsqueda de alternativas y la promoción de cambios o mejoras sustanciales a las estructuras existentes. En el contexto económico actual, no parece quedar otra opción que no sea rediseñar las estructuras económicas y el marco institucional que se desarrolló en el siglo anterior.

Dentro de la presente coyuntura económica y social, el diseño de un proyecto de restauración y desarrollo de la economía requerirá atender otras áreas como la educación, la salud, el acceso a la vivienda y la seguridad pública. El proyecto de reinvención que el País tiene que poner a caminar de cara a la próxima década, implica una revisión profunda de todos los aspectos sociales, económicos y políticos.

Nuestro modelo de reinvención económica está fundamentado en un programa de doce propuestas de corto y mediano plazo. En el corto plazo planteamos seis propuestas que sugiero poner en vigor de forma inmediata. Asimismo, sugerimos seis propuestas de mediano plazo, ya que implican cambios de gran envergadura en las estructuras que sostienen nuestra economía. Aunque reconocemos que hay implementar profundos cambios estructurales en nuestro sistema económico, la seriedad de la situación actual –que nos coloca ante la urgencia de buscar soluciones inmediatas–, obliga a poner en funcionamiento acciones de corto plazo que le permitan a la economía salir de la recesión vigente. Sin embargo, se pueden ir aplicando –de forma paralela– las estrategias de mediano plazo.

En esencia, el principal problema detrás de la actual crisis económica es la debilidad de la base productiva. Es decir, en la medida en que la economía ha perdido la capacidad para producir bienes y servicios, se ha reducido el empleo. Esto, a su vez, ha provocado una disminución en el ingreso y ha creado un círculo vicioso de empobrecimiento general que ha desembocado en la crisis que vivimos. Romper ese ciclo negativo requerirá acciones contundentes y coherentes que permitan crear las condiciones para reactivar la producción a través de todo el sistema productivo local. Si Puerto Rico fuera un automóvil, la mejor manera de explicar la actual crisis sería observar que el motor automóvil se averió y comprender que para poder encenderlo nuevamente y que pueda funcionar en su máxima capacidad, es imprescindible abrir el motor y repararlo. No obstante, en la tarea de reparar los motores productivos de la Isla, cada ciudadano tiene un rol y todos tendremos que participar en este proyecto de restauración económica, si queremos volver a experimentar el ciclo de bonanza que el País disfrutó en el pasado. El problema principal que enfrentamos en la actualidad es que le hemos delegado el cien por ciento de la responsabilidad al gobierno para que se encargue solo de arreglar los motores de la economía del País. El primer cambio de enfoque, desde la perspectiva de reinvención que proponemos en esta obra, es que todos los sectores de la sociedad tienen que involucrarse en el proyecto de rehabilitación productiva de la Isla. Ante la actual coyuntura política, en la que el proceso electoral posiblemente termine dividiendo aún más al País, se hace cada vez más importante que actores no políticos ni gubernamentales se conviertan en los protagonistas de la reactivación de la economía. Así que será indispensable que las organizaciones profesionales y empresariales, la Academia, los sindicatos y el resto de los componentes de la sociedad civil se involucren en el desarrollo de un proyecto económico de país. El éxito de estas propuestas dependerá del liderazgo, creatividad y voluntad del sector privado y la sociedad civil, para tomar el control del diseño e implementación de las propuestas de corto plazo para reactivar la economía.

Esto implica crear un nuevo espacio de acción por parte del sector privado y otros componentes de la sociedad, para asumir responsabilidad por los asuntos económicos del País. La meta es crear un plan con acciones de corto y mediano plazo que vincule a los tres partidos políticos a no cambiar aquellas iniciativas importantes para el desarrollo del País. Ante la incapacidad del liderato político de la Isla de llegar a consensos sobre cómo reactivar la economía, le corresponde a los actores no gubernamentales (empresarios, sindicatos, la Academia y líderes comunitarios) a producir estas propuestas y a convocar al liderato político a implementar las propuestas dentro de un acuerdo multisectorial de largo plazo.

La Coalición del Sector Privado[22], una entidad que integra a las principales organizaciones empresariales y profesionales del País, ha sido capaz de producir propuestas e ideas de forma integrada para mejorar la economía. Esta entidad se creó en el 2006 durante el cierre del gobierno para coordinar un estrategia unificada del sector privado ante los retos económicos y fiscales provocados por el gobierno compartido.

---

22 Algunas de las propuestas aquí planteadas ya han sido acogidas dentro del Plan Económico para Puerto Rico, elaborado por este organismo.

Propuestas económicas de corto plazo

Cuando hablo de corto plazo, me refiero a un lapso de tiempo de 18 a 24 meses, que es el período que tomaría ejecutar acciones puntuales que permitan impactar positivamente las bases productivas de la economía. Las propuestas en esta etapa están orientadas a reactivar componentes importantes de la estructura económica y los sectores estratégicos que pueden crear nuevas actividades de forma rápida. La cualidad que tienen estas propuestas es que pueden implementarse sin tener que llevar cabo mayores cambios estructurales o enmiendas a las leyes federales y locales. Todas son viables y pueden comenzar a implementarse inmediatamente. La meta de las acciones de corto plazo es detener la caída económica, estabilizar el sistema productivo y lograr un aumento en la producción y, por ende, en el crecimiento de la economía. Todas las energías y recursos del País deberían estar enfocados en detener el actual deterioro económico, y, más adelante, comenzar a implementar las propuestas de mediano plazo que permitirán el crecimiento sostenido de la economía a largo plazo. Luego de perder la década anterior, no tenemos otra opción que no sea trabajar más intensamente para recuperar el terreno que perdimos y alcanzar a nuestros competidores en la región.

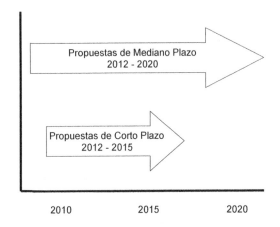

Reducción de costos operacionales

La manera más efectiva de combatir una recesión es aumentando la demanda por inversión y estimulando la producción. En el caso de Puerto Rico, luego de media década en contracción, el sector privado se encuentra débil y por ello, no tiene la capacidad óptima para crear nueva actividad económica que permita frenar la caída. Los altos costos operacionales se han convertido en uno de los principales problemas que enfrentan las empresas. La Isla se ha convertido en un lugar costoso para hacer negocios, lo que impide que las empresas existentes puedan ser competitivas, crecer y crear nuevos empleos. En el corto plazo, unas de las acciones que tiene que el gobierno es buscar la manera de reducir los costos operacionales de las empresas. Los costos de energía, de transportación marítima y la burocracia gubernamental se han convertido en serios problemas para las empresas nuevas y el desarrollo de nuevos negocios. Además de estos costos, la excesiva cantidad de leyes laborales ha creado una situación de ineficiencia en el mercado de empleo, que desalienta la contratación de nuevos empleados por parte de las empresas.

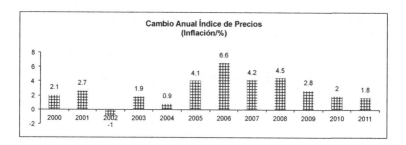

COSTOS LABORALES

Por otro lado, el aumento escalonado del salario mínimo de los empleados, unido al complejo estado de derecho laboral, también ha afectado la competitividad de Puerto Rico en el ámbito empresarial. Aunque la aspiración de cualquier sociedad es poder crear empleos de altos salarios, esto tiene que estar respaldado por la disponibilidad de una fuerza trabajadora altamente educada y productiva que contribuya a incrementar las ganancias de la empresa. Las actuales leyes laborales, lejos de promover la eficiencia y la flexibilidad en el mercado laboral, solo han tenido el efecto de desalentar a los patronos a aumentar su plantilla laboral.

Nuestra propuesta es que hay que reducir los costos de hacer negocios en la Isla. Con respecto a los costos laborales, hay que trabajar en una reforma del mercado laboral que permita al mercado de empleo funcionar de una manera más flexible. Esto implica que los patronos y los empleados, puedan disponer de un nuevo marco legal razonable y aceptable para ambas partes en lo que respecta a compensación, colaboración y productividad. No estamos proponiendo una reforma que reduzca beneficios o penalice a los trabajadores, sino un nuevo modelo de reglamentación laboral que le provea más eficiencia al mercado laboral.

FLEXIBILIDAD DEL MERCADO LABORAL

- **Flexibilidad interna:** Capacidad de la empresa para asignar a los trabajadores a unas u otras tareas o puestos dentro de la empresa y cambiar la organización del trabajo, a fin de adaptarla a las necesidades de las nuevas técnicas productivas o a las nuevas exigencias del mercado de los productos o servicios.

- **Flexibilidad externa:** Es la capacidad que tiene la empresa para aumentar o disminuir su fuerza laboral, sin incurrir en grandes costos o sin grandes obstáculos de tipo normativo. Si puede realizar los ajustes con facilidad, se considera que la flexibilidad es elevada. Si una empresa debe pasar por dificultades o grandes costos para reducir su plantilla, se considera que la flexibilidad externa es reducida.

* **Flexibilidad salarial:** Se refiere a la capacidad de ajustar los salarios de acuerdo a la situación económica de la empresa, de manera tal que se puedan evitar despidos de empleados en situaciones de baja producción.

Lcdo. Jorge Capó.

La reforma laboral se ha convertido en una especie de tema prohibido para los legisladores y para el sector sindical. La falta de enfoque adecuado ante la necesidad de reformar el mercado de empleo y flexibilizar la operación del mismo, debe discutirse sin apasionamientos y en consenso con todos los sectores involucrados. Recientemente, el sector privado y los sindicatos firmaron un acuerdo de colaboración para trabajar juntos en el cabildeo a favor de lograr la Sección 933A por parte del Congreso. Me parece que la oportunidad es ideal para que este acuerdo permita trabajar en la reforma del mercado laboral, dentro de un proceso que genere ganancias para los patronos y los trabajadores.

Sugerimos crear un modelo de colaboración para evaluar los cambios que requiere la legislación laboral e implementarlos en consenso. Este esfuerzo debe estar regido por un Comité de Trabajo Multisectorial con representación de los sectores afectados (patronos y empleados): abogados, sindicatos del sector privado, economistas y expertos en recursos humanos. Este comité se encargaría de compilar y evaluar todos los estudios e informes sobre el tema, para preparar un análisis uniforme con recomendaciones de cambios específicos en leyes y reglamentos que puedan representar efectos positivos en el mercado laboral. Asimismo, habría que identificar mecanismos que permitan a los patronos y a los empleados llegar a nuevos acuerdos de compensación económica según mejore la economía y, por ende, las ganancias de las empresas. Este beneficio debe otorgarse dentro de parámetros de productividad, eficiencia, y mejoramiento de la empresa y del empleado.

COSTO DE ENERGÍA

Dentro de la estructura de gastos de una empresa promedio, los costos energéticos y laborales son los que mayor efecto adverso generan sobre su rentabilidad. La alta dependencia en el petróleo (70%) para producir energía y la ineficiencia operacional de la Autoridad de Energía Eléctrica (AEE), impiden una tarifa aceptable para la producción energética. Los comercios e industrias enfrentan un costo de 29 centavos el kilovatio por hora, lo que está provocando grandes pérdidas y quiebras en el sector empresarial. Además, este costo de la energía está secando el bolsillo de los consumidores. La inestabilidad en el precio del petróleo provoca aumentos tan severos en los costos de todos los servicios que requieren combustible, que erosionan las ganancias de las empresas y crean un costoso efecto multiplicador inflacionario en toda la economía. Además de la dependencia del petróleo, el alto nivel de deuda contraída por la AEE –que actualmente asciende a $7,400 millones–, representa una carga onerosa para los abonados de esta corporación pública. El mecanismo de ajuste por combustible, le permite a la AEE pasarle al consumidor no solo el aumento en el costo del combustible, sino el robo de energía y las ineficiencias operacionales del sistema. Además, la AEE concede subsidios a diversas industrias, iglesias y residenciales públicos que tienen un costo anual de $300 millones y que también son pagados por los abonados.

La reducción del costo de energía es medular para evitar que más empresas sigan cerrando operaciones en la Isla, particularmente las de manufactura. Igualmente, la reducción de costos energéticos debe ayudar a retener y ampliar la base de negocios (base productiva) para crear nuevos empleos. Los aumentos recientes en el precio del petróleo han generado un efecto muy adverso en la comunidad de negocios, provocando gran cantidad de quiebras y cierres de empresas. Aunque el gobierno ha adoptado como política pública la construcción de un gasoducto, en el corto plazo la única forma de bajar las tarifas es introduciendo profundas reformas operacionales en la AEE y eliminar algunos de los subsidios. El gobierno tiene que revisar la estructura de costos vigente, para forzar a esta corporación a que opere dentro de un nivel aceptable de eficiencia y traducir esas economías en tarifas más bajas para los abonados. El otro esfuerzo de corto plazo tiene que ir dirigido a fomentar la instalación de tecnología para producir energía renovable. El gobierno y el sector privado deben trabajar en programas y vehículos financieros que permitan masificar esta tecnología y propiciar la transición del actual modelo fundamentado en el uso del petróleo (70% del sistema energético depende de este combustible), a un sistema que se sostenga mayoritariamente en el uso de la energía solar u otras formas más económicas de producción energética.

Recientemente, el gobierno puso en vigor un programa de $290 millones para reembolsar hasta un 50% de la inversión en tecnología renovable. Bajo este programa que administra la Oficina de Energía, las empresas someten sus propuestas de implementación de sistemas de conservación de energía y esta dependencia gubernamental los evalúa de acuerdo a unos criterios establecidos. Aunque esta iniciativa en un paso en la dirección correcta, hay que ampliar los incentivos y los recursos, para que la mayor cantidad de consumidores y comercios puedan transitar hacia una nueva plataforma de energía renovable que independice a la Isla del petróleo. Aunque "Energía Verde" es un proyecto que ayudará a reducir la factura de energía, urge habilitar una política orientada a reducir los costos de energía y crear nuevas oportunidades de industrias dedicadas a la producción de energía renovable.

MEDIDAS PARA ABARATAR LOS COSTOS DE ENERGÍA

Medida	Efecto
Reestructurar la fórmula de ajuste por combustible	Reduciría el efecto adverso que tiene dicho mecanismo sobre los abonados de la AEE y que termina afectando a la economía.
Reestructurar operacional y fiscalmente a la AEE	Reducir los costos operacionales e implementar medidas internas que aumenten la eficiencia operacional de la AEE para bajar el costo del kilovatio/hora.
Reducir los subsidios que provee la AEE	La reducción de algunos de los subsidios ayudaría a bajar el costo que actualmente se le pasa a los abonados que pagan por la energía.
Proveer tarifa especial a sectores productivos estratégicos	Una tarifa especial a sectores estratégicos, como la manufactura, puede ayudar a reducir costos y, por ende, aumentar la producción de esta industria.
Proveer mayores recursos a la Oficina de Asuntos de Energía (OAE)	La Oficina de Asuntos de Energía ha iniciado innovadores proyectos para promover programas de conservación energética que permitirían reducir el costo de la electricidad a las empresas. Para aumentar su efectividad hay que aumentarle los recursos.

De igual forma, Puerto Rico no puede seguir dependiendo de un monopolio gubernamental para producir energía. El País tiene que demandar cambios profundos en la forma en que actualmente opera la Autoridad de Energía Eléctrica. El gobierno tiene que explorar un modelo en el cual empresas privadas produzcan la energía usando medios alternos como: energía renovable, la conversión de basura en energía y el gas natural. Bajo este modelo, la AEE puede retener la fase de distribución asegurando que va a pasarle al consumidor la eficiencia de las empresas privadas con tarifas más competitivas. Esto puede ser un paso intermedio a la eliminación del monopolio que tiene esta corporación pública sobre la energía en la Isla. Este modelo ha probado que no funciona y por ello se hace cada vez más urgente transitar hacia un ambiente de competencia que permita bajar las tarifas y diversificar las fuentes energéticas. La disponibilidad de energía barata y ambientalmente amigable, debe ser una meta económica y social dentro del nuevo proyecto de reinvención económica de Puerto Rico.

TRANSPORTACIÓN MARÍTIMA

Puerto Rico, como un gran importador de casi todo lo que consume, depende de forma desmedida de la transportación marítima para la importación de los productos consumidos en la Isla. En el 2010, el valor de las importaciones totales ascendió a $40,810 millones, de los cuales $3,000 millones correspondieron a alimentos. La aplicación de la Ley de Cabotaje implementada a principios del siglo 20, tiene el efecto de incrementar los costos de transporte marítimo hacia y desde Puerto Rico, lo que afecta al consumidor local y a las empresas locales interesadas en exportar. Se estima que la Ley de Cabotaje le cuesta a la economía y a los consumidores cerca de $600 millones anualmente. Hay bastante consenso en torno a la necesidad de eximir a Puerto Rico de las leyes de cabotaje para poder reducir el impacto adverso de este estatuto sobre la economía local. En la actualidad, el comisionado residente en Washington, Pedro R. Pierluisi, junto a líderes del sector privado, promueve legislación en el Congreso Federal para que se exima a la Isla de la Ley de Cabotaje, como una medida que ayudaría a la economía local.

Fuente: Autoridad de los Puertos

CREACIÓN DE EMPLEOS

La mejor forma de medir la salud de una economía es a base de la creación de empleos, particularmente de trabajos bien remunerados. Desde que comenzó la presente recesión en el 2006 hasta el 2011 en Puerto Rico se han perdido 202 mil empleos, la gran mayoría de estos en el sector privado y en casi todas las industrias. Esta pérdida de empleos implica, además, una cuantiosa pérdida de ingresos, consumo y recaudos contributivos, creando un círculo vicioso que ha servido como combustible a la actual crisis económica. Para sacar a la economía local de ese ciclo de deterioro hay que provocar inversión y crear empleos; de esta forma se comienza a generar nuevo ingreso, gradualmente se reestablece el consumo, y la economía regresa a un nuevo nivel de estabilidad y crecimiento. La pregunta clave es: ¿Cómo crear empleos? y ¿Cuáles sectores económicos están en posición de crear los empleos que se necesitan en el país?

Total de Empleo Asalariado
(miles)

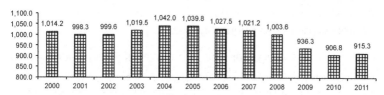

Fuente: Departmento del Trabajo y Recursos Humanos
Encuesta de establecimiento

GUSTAVO VÉLEZ

CRÉDITOS CONTRIBUTIVOS
POR LA CREACIÓN DE EMPLEOS

Nuestra propuesta de creación de empleos está fundamentada en utilizar parte de los ingresos destinados a la reforma contributiva, para crear un programa de créditos contributivos para la creación de empleos. Concretamente, proponemos el diseño de un programa de créditos contributivos que permita pagar a las empresas hasta un 25% del salario de los nuevos empleos creados. Bajo este programa, un empleado con un salario que a la empresa le cueste $30 mil anuales, el patrono recibirá $7,500 por concepto del crédito durante el primer año. Presumiendo que se puedan generar 100 mil empleos a un salario anual promedio de 30 mil esto implicaría un costo de $3,000 millones recurrentes en ingreso nuevo (vía los nuevos salarios). Si el gobierno provee un crédito de 25%, el costo anual sería de $750 millones. Esta cantidad representa menos del 10% del total de ingresos que se supone genere el gobierno, con el impuesto especial a las Corporaciones Foráneas habilitado por la Ley 154 de 2010. El fundamento económico de esta propuesta es que la utilización de recursos fiscales para estimular la producción local, tendrá un mayor efecto en la reactivación de la economía que el estímulo al consumo mediante los alivios contributivos como quedaron legislados.[23]

Al Puerto Rico ser una economía altamente dependiente de las importaciones, el dinero que fluye a las personas mediante los alivios contributivos termina estimulando otras economías, donde se producen los bienes que consumirán los contribuyentes. Desde esta perspectiva, lo que proponemos es una modificación de la estrategia de la reforma contributiva para orientar parte del dinero a la creación de empleos. El efecto multiplicador dentro de la economía del estímulo a industrias de producción mediante el programa de créditos contributivos para la creación de empleos, es fundamental para apoyar la reactivación de la economía.

---

23 La Reforma Contributiva del 2011 habilitó reducciones en las tasas contributivas, que representan cerca de $1,000 millones anuales a los contribuyentes. Estos alivios están siendo financiados por un impuesto especial a las corporaciones foráneas bajo la Ley 154 de 2010.

CAPITAL E INVERSIÓN

Para crear empleos las empresas tienen que invertir en la creación de nuevos activos productivos (maquinaria y equipo), infraestructura física o capacidad de producción. Más, como mencionáramos en los capítulos anteriores, la caída de la banca y la pérdida de gran parte de la riqueza acumulada, es uno de los mayores retos para poder financiar la inversión que se requiere para superar esta recesión. Hemos estimado que se necesita una inversión de capital fijo de al menos $10 mil millones durante los próximos cinco años. Esta inversión es clave para provocar la actividad económica y lograr generar al menos 100 mil empleos nuevos. Debido a que durante los pasados cinco años, el País ha perdido gran parte del capital y de su riqueza, es imprescindible crear mecanismos que permitan atraer capital del exterior. Además de la reducción de costos operacionales, la atracción de nuevo capital va a requerir dos acciones adicionales.

En primer lugar, hay que reducir la tasa contributiva de las corporaciones regulares, del actual nivel de 30% a un 25%, de tal manera que se pueda colocar a Puerto Rico en un grado de competitividad ventajosa. Aunque la reforma contributiva contempla esta reducción para el 2014, entendemos que esta acción tiene que llevarse a cabo de forma inmediata. Puerto Rico necesita nuevo capital y lo necesita con urgencia para poder impulsar la recuperación y el crecimiento económico.

La otra acción que debe realizarse de forma inmediata es modernizar la Ley del Centro Bancario Internacional del 1989 (CBI). El CBI proveyó una plataforma –que en su mejor momento llegó a $60 billones en activos financieros– para organizar en la Isla actividades bancarias internacionales. Puerto Rico aún tiene el potencial de retomar su liderazgo regional y hemisférico como centro financiero. Sin embargo, para lograr un reposicionamiento en esta industria, hay que habilitar nuevos mecanismos que le provean un nuevo rol al CBI. Una de las acciones que hay que ejecutar es crear una Ley de Capital Privado. Puerto Rico carece de un mercado organizado en este importante segmento de la industria financiera. Crear un marco legal que permita el surgimiento de un mercado de capital privado, servirá para atraer nuevo capital y canalizarlo de una forma eficiente hacia nuevas actividades productivas.

Además del mercado de capital privado, hay que incentivar el surgimiento de fondos de inversión de alto riesgo, que facilite el acceso a capital de empresas de alta tecnología, para que de esta manera se pueda lograr una mayor comercialización de inventos y estudios que conduzcan a más innovación tecnológica. Actualmente, los empresarios e inventores locales carecen de vehículos de financiamiento que les permitan desarrollar y comercializar sus productos e invenciones. La disponibilidad de fondos de capital de riesgo permitirá canalizar inversión hacia estos sectores emergentes y le proveerá dinamismo a la llamada "Economía del conocimiento" puertorriqueña.

Diversificar la estrategia promocional

Históricamente, la gestión promocional de Puerto Rico ha estado orientada hacia la industria de la manufactura, del turismo y del ron. El gobierno se ha limitado a invertir recursos en mercadear estas tres industrias con éxito. En lo que respecta a la manufactura, el anterior modelo económico estaba enfocado primordialmente en atraer empresas industriales a base de los incentivos contributivos locales y federales. Al desaparecer la Sección 936, se evaporó la ventaja competitiva que una vez tuvo la Isla en esta industria. Ante los desafíos que impone la actual situación económica y de cara a la realidad de que se han perdido muchas de esas ventajas competitivas que se ofrecían en la industria de la manufactura, nuestro modelo de reinvención propone una nueva estrategia promocional para mercadear los diferentes sectores económicos. Esta nueva estrategia debería incorporar otras industrias en las que Puerto Rico tiene una necesidad estratégica o en las que tiene un potencial de exportación.

Promoción de la industria de bienes raíces

Una de estas industrias es la de viviendas de alto valor. Ante el excedente de viviendas de precios altos, hay que promover los proyectos turísticos en el exterior. Estados Unidos, Europa y América Latina son los mercados de excelencia para atraer nueva inversión hacia la industria de bienes raíces. Para lograr esto habrá que habilitar un programa en el que participen la banca, los desarrolladores y las agencias gubernamentales de promoción, para coordinar los esfuerzos de mercadeo. Puerto Rico tiene el potencial de atraer inversionistas que adquieran estas propiedades como sus viviendas vacacionales e incluso como espacios de alquiler de temporadas, y simultáneamente exploren otras oportunidades de inversión en otros segmentos de la economía. Este programa ayudaría a reducir el inventario de cerca de al menos 5,000 unidades de vivienda de alto costo y puede representar una inversión directa de $3,000 millones en la economía. Esto ayudará grandemente a reducir la presión que tienen muchos bancos ante el congelamiento de la industria de los bienes raíces.

PROMOCIÓN DE LA INDUSTRIA DEL CINE Y ENTRETENIMIENTO

Otra de las industrias con alto potencial de desarrollo es la de producción de cine y eventos artísticos. Puerto Rico dispone de la infraestructura, el clima y los mecanismos para producir cine de la mejor calidad. Además de estos activos, la Isla tiene figuras de calibre internacional como Benicio del Toro, Jennifer López, Ricky Martin y Marc Anthony, entre otros, quienes pueden servir como embajadores y promotores de la Isla en el mundo del espectáculo internacional. Tomando en cuenta la capacidad que tiene el País en esta industria, recientemente se pasó una Ley que provee incentivos para atraer la producción de películas. Aunque se han dado pasos afirmativos en esta dirección, proponemos que estos esfuerzos se lleven a un segundo nivel, estableciendo estrategias para convertir a la Isla en un centro internacional de producción de cine y espectáculos. Para lograr esto, además de la promoción y el mercadeo, es indispensable proveer un trato contributivo especial al personal clave que mueve esta industria para viabilizar la gestión cinematográfica (artistas, productores, guionistas, técnicos, etc.). Proponemos que se establezca una tasa contributiva especial de 7% al personal que labore en todo lo relacionado al cine y para ello proponemos la elaboración de una ley especial. Esta tasa contributiva crearía un incentivo que podría inducir a muchos de nuestros artistas a que decidan convertir a Puerto Rico en su residencia principal y convertirse así en ciudadanos contributivos de la jurisdicción local, lo que tendría como resultado el que trasladaran aquí gran parte de su capital. Esta iniciativa, además de crear nuevas actividades económicas, amplía la base contributiva, lo que implicaría nuevos recursos para el fisco.

PROMOCIÓN DE LA INDUSTRIA
DEL TURISMO DEPORTIVO

Otra de las industrias emergentes en las que Puerto Rico tiene un alto potencial de desarrollo es el turismo deportivo. Un estudio realizado por Inteligencia Económica, Inc. en el 2009 para el Comité Olímpico de Puerto Rico, demostró que el turismo asociado a las actividades deportivas genera entre $400 y $600 millones anuales a la economía. La amplia infraestructura deportiva y la inclinación cultural del País hacia el deporte, han permitido el surgimiento de una gran cantidad de eventos deportivos internacionales. Estos eventos generan un doble impacto en la economía. En primera instancia, abonan a la industria del turismo, al generar una demanda por habitaciones en los hoteles, y en segunda instancia, representan ingresos para el comercio y los demás componentes de la cadena de actividades económicas (transportación, comida, entretenimiento, etc.). Ante el enorme potencial que tiene esta industria, el gobierno, la empresa privada y los organismos deportivos deben articular una estrategia de promoción que permita potenciar la atracción de eventos deportivos internacionales a la Isla y ampliar los ingresos por concepto de estas actividades. Entendemos que esta industria tiene el potencial de generar $1,000 millones a la economía si se implementa una estrategia efectiva. El programa de estrategias dirigido a viabilizar el crecimiento del turismo deportivo, debe incluir la promoción integrada entre la Compañía de Turismo y el Comité Olímpico de Puerto Rico en la comunidad deportiva internacional. Además, se debe crear un portal cibernético especializado en la promoción de la Isla como destino de turismo deportivo, que incluya el inventario de instalaciones deportivas y un calendario de eventos. En el mediano plazo, no se debe descartar la alternativa de crear un Negociado de Turismo Deportivo, como una entidad público-privada especializada en la promoción de la Isla como destino para eventos deportivos internacionales.

Promoción del Centro Internacional de Seguros

Finalmente, Puerto Rico tiene que promover su recién creado Centro Internacional de Seguros (CIS). El CIS provee el marco legal y una plataforma para atraer firmas de reaseguro[24] para que hagan negocios internacionales desde la Isla con amplios beneficios contributivos. El CIS es el tipo de organización que permite maximizar las ventajas competitivas de Puerto Rico en una industria global e inserta la Isla en la comunidad financiera internacional. La atracción de estas empresas a suelo puertorriqueño, implica a su vez la captación de cientos de millones de dólares por concepto de las reservas que estas firmas tendrían que depositar en el sistema bancario local. Sin embargo, el éxito del CIS dependerá de la implementación de una estrategia promocional que coloque a Puerto Rico como un lugar atractivo y competitivo para estas firmas globales. Ya hay cuatro de estas empresas ubicadas en el CIS, lo que demuestra que hay mucho espacio para atraer más de estas firmas.

---

24 El Centro Internacional de Seguros (CIS) provee tasas contributivas favorables a empresas de reaseguro que se ubiquen en la Isla para llevar a cabo negocios internacionales. Este tipo de empresa trae capital al País, a la vez que crea empleos especializados y bien remunerados, y vincula a la Isla a los mercados internacionales.

PROYECTOS ESTRATÉGICOS REGIONALES

En Puerto Rico existen varios proyectos estratégicos que llevan un tiempo en planificación y ejecución. Los cambios de administración y la recesión económica han afectado la culminación de estos proyectos. En algunos casos, el gobierno ya ha hecho significativas inversiones sin que todavía se logren ver los rendimientos económicos para el País. Uno de estos casos es el Puerto de las Américas, que lleva 15 años en desarrollo y aún no se ha concluido. Este proyecto, a pesar de su relevancia estratégica, ha sido víctima del partidismo y de la mala planificación gubernamental. Otro de los proyectos que pisa y no arranca es el desarrollo de los terrenos de la antigua base naval Roosevelt Roads en Ceiba, que también parece haberse visto afectado por los cambios gubernamentales y los nuevos ángulos de visión que han ocurrido en las constantes transiciones de un gobierno a otro. Otro de los proyectos de alto potencial económico que sufrió el impacto de ese ir y venir gubernamental es el Triángulo Dorado (TD), ubicado en el pleno corazón turístico-comercial de San Juan. Este proyecto tiene la capacidad de reinventar turística y comercialmente al distrito integrado por El Condado-Viejo San Juan y Miramar. Propuesto inicialmente por el actual Gobernador, cuando era director ejecutivo de la Compañía de Turismo (1993-96), el TD fue engavetado por las administraciones posteriores y hoy, nuevamente, figura entre las propuestas de desarrollo de la actual administración. El plan maestro ha sido actualizado y atemperado a la realidad económica existente.

Un nuevo modelo de colaboración

Como parte de nuestra propuesta de reactivación económica, el gobierno, el sector privado y los gobiernos municipales de las regiones en donde están ubicados los diferentes proyectos estratégicos, tienen que definir ámbitos de acción integrada bajo un modelo similar al de las Alianzas Público- Privadas. El modelo de desarrollo de estos proyectos estratégicos tiene que modificarse para incluir a los gobiernos municipales y al sector privado, para añadir un mayor grado de viabilidad financiera y operacional. En otras palabras, hay que redefinir la forma en que estos proyectos deben desarrollarse, toda vez que a la luz de la situación económica vigente, el gobierno central de forma aislada no podrá culminarlos exitosamente. Los proyectos estratégicos regionales tienen que ser conceptualizados como iniciativas que se fundamenten en las ventajas competitivas de cada región y como motores de nueva actividad económica.

Desde el punto de vista de financiamiento, que es uno de los principales escollos que actualmente enfrentan algunos de estos proyectos, se puede estudiar la posibilidad de crear consorcios municipales que permitan la emisión de deuda[25] para financiar los proyectos. Es decir, se puede crear un nuevo modelo de financiamiento consolidando parte del margen prestatario de los gobiernos municipales para proveer el financiamiento. A su vez, los consorcios municipales[26] pueden hacer alianzas con el gobierno central y con la empresa privada para viabilizar alianzas operacionales y financieras. Desde esta perspectiva se diversifica el riesgo de los proyectos, pero se amplían los recursos disponibles, a la vez que se garantiza la integración de los municipios y las regiones en donde se desarrollarán los proyectos. De lo que estamos hablando es

---

25 "Emisión de deuda", significa tomar prestado mediante la emisión de bonos a través del Banco Gubernamental de Fomento. La emisión de deuda es permisible cuando el proyecto tiene fuente de repago y tiene el potencial de nueva actividad económica y empleos. Es decir, cuando los beneficios sociales y económicos superan los costos.

26 Actualmente los municipios están organizados en consorcios o grupos para administrar programas federales como el *Work Force Investment Act*.

de un nuevo modelo de conceptualización y desarrollo de iniciativas económicas regionales, que permitan crear nueva actividad económica y empleos.

Mediante este modelo el gobierno y los municipios, junto con el sector privado, deben comenzar un proceso de diálogo para identificar proyectos inconclusos o nuevos que puedan desarrollarse a corto plazo.

Proyectos Estratégicos Impulsados por el Gobierno

Proyecto	Inversión	Concepto
Distrito de las Ciencias	$1,400 millones	Plan maestro para la concepción e implementación de actividades de investigación y desarrollo, en los que se integrarán la Universidad de Puerto Rico en Río Piedras, el Centro Médico y el Centro Comprensivo de Cáncer.
Triángulo Dorado	$1,500 millones	Redesarrollo urbano a lo largo del Canal San Antonio, Puerta de Tierra y el Distrito del Centro de Convenciones.
Puerto de las Américas	$750 millones	Creación de un Puerto de Transbordo y creación de zonas de valor añadido que permitan la revitalización económica e industrial de Ponce y la región sur.
Aeropuerto de Aguadilla	$22 millones	Convertir al aeropuerto de Aguadilla como segundo aeropuerto Internacional de Puerto Rico y centro regional de logística aérea.

Triángulo Verde	$2,700 millones	Desarrollo de un complejo turístico de uso variado, vinculado al concepto de: destinos de entretenimiento, juegos de azar, ecoturismo, comercial y residencial. Unos 1,300 acres se utilizarán para el desarrollo de la Riviera del Caribe.

Fuente: Modelo Estratégico para Una Nueva Economía (DDEC)

Por ejemplo: una de las áreas más deprimidas económicamente en Puerto Rico es la región central del País. En la actualidad algunos municipios de esta región llevan a cabo proyectos turísticos de forma aislada y con poco apoyo gubernamental (Jayuya y Orocovis son dos buenos ejemplos de esta difícil situación). La creación de un consorcio entre los municipios de la región central interesados en desarrollar una industria turística en sus pueblos, podría ser la forma más efectiva y organizada de llevar a cabo las nuevas inversiones y los proyectos. El Gobierno Central, a través de la Compañía de Turismo y el Banco Gubernamental de Fomento, pueden actuar como facilitadores de los municipios agrupados en un consorcio, proveyendo apoyo técnico, recursos para promoción y financiamiento, respectivamente. Un paso ulterior en esta estrategia, es alinear programas educativos y de adiestramiento ocupacional para disponer de personal capacitado en las nuevas industrias y proyectos a desarrollarse. De esta forma, se evita que haya un desfase entre las tendencias económicas de las regiones y la oferta educativa, y se puede lograr un mejor uso de los recursos para crear el capital humano necesario.

Finalmente, el otro componente en esta estrategia de regionalización es enfocar las inversiones en infraestructura y mejoras capitales, hacia las necesidades estratégicas que tenga cada región. Esto lo que implica es que si la región central va a desarrollar 5,000 nuevas habitaciones entre el 2012 y el 2015, y hace falta capacidad de agua para apoyar esta nueva demanda, la programación de inversión para esta región durante ese período contemple aumentar la capacidad de agua potable. En fin, se trata de un modelo renovado de planificación regional que le provea un nuevo nivel de eficiencia y efectividad a la planificación, ejecución y operacionalización de proyectos públicos o público-privados en Puerto Rico. En el corto plazo, nuestra propuesta va dirigida a rescatar proyectos existentes bajo este modelo, e igualmente viabilizar nuevos proyectos que permitan crear nueva actividad económica en las regiones más afectadas por la crisis.

REDUCCIÓN EN LA DEPENDENCIA DE LAS AYUDAS FEDERALES

Uno de los principales problemas que enfrenta Puerto Rico es el impacto económico y social que ha tenido la dependencia en las ayudas económicas federales. Actualmente, casi la mitad del País participa en los diferentes programas federales y estatales, lo que afecta de forma severa la productividad y el desarrollo sostenible de la economía. Estas ayudas han provocado que algunos sectores de la población apta para trabajar, prefiera no participar dentro de las estructuras productivas formales, a cambio de recibir diferentes subsidios federales y del gobierno estatal. El efecto neto de esta práctica es que la tasa de participación laboral haya llegado a su nivel más bajo en décadas: 39%.

Taza de Participación Laboral
agosto

Fuente: Departamento del Trabajo y Recursos Humanos

Es decir, muchas personas aptas para trabajar prefieren participar de los diferentes programas de subvención económica y a la vez realizar algún tipo de actividad en la economía subterránea. Esta combinación permite generar ingresos libres de contribuciones y mantener un estándar de vida aceptable, dentro de las condiciones de marginalidad social y económica prevalecientes en la Isla. Esta tendencia tiene el efecto de ir reduciendo la base de personas empleadas formalmente, lo que reduce la base contributiva y concentra la carga de la responsabilidad en un número menor de contribuyentes. El efecto neto es que cada vez hay menos cantidad de personas pagando contribuciones, lo que implica que esos pocos terminarán desembolsando más dinero, lo que está provocando la gradual desaparición de la clase media. Además, este mundo de informalidad económica sirve de terreno fértil para el aumento en la criminalidad y otras conductas sociales no deseadas. Esencialmente, la política de asistencia social vigente solo ha servido para crear un círculo vicioso de deterioro social y económico que es responsable en gran medida de la actual crisis. Si Puerto Rico aspira a convertirse en una sociedad en continuo progreso y desarrollo, hay que reducir la dependencia y comenzar a crear una cultura de trabajo y autosuficiencia. La realidad es que una cuarta parte de la población no puede seguir produciendo para sostener el resto de la economía. Seguir por esa ruta de desequilibrio social abonaría a acelerar el colapso de la economía.

El gobierno tiene que considerar introducir una verdadera reforma del estado benefactor tal y como está planteado en la actualidad. Además, las consecuencias sociales y económicas, y la grave crisis fiscal que atraviesa Puerto Rico impiden que el gobierno continúe financiando el alto costo que este sistema de "mantengo" genera. Si bien es cierto que muchos de los recipientes de estas ayudas son menores de edad, ancianos y madres solteras que tienen derecho a recibir ayudas, hay un elevado número de recipientes aptos para trabajar y urge integrar a este grupo a la fuerza trabajadora. A tales efectos, proponemos implementar un programa que permita condicionar las ayudas estatales o federales a algún tipo de trabajo de los recipientes elegibles para laborar. Esta iniciativa permitirá que muchos de los hoy recipientes de las ayudas gubernamentales, puedan transitar al mundo del trabajo de una forma organizada y comenzar a aportar a la economía. La propuesta debe contemplar que por un período de tiempo, los participantes del programa puedan continuar recibiendo las ayudas y no tributar por el ingreso que reciben, hasta un período de tiempo determinado mediante legislación. Esta transición permitirá que los recipientes de las ayudas no sean penalizados por comenzar a trabajar y puedan establecerse dentro del mundo de la formalidad económica. Esta transición es indispensable para impedir que la pérdida de ayudas o beneficios económicos que hoy reciben del gobierno, en lugar de funcionar como un incentivo para que trabajen, opere como un freno o impedimento en contra de la entrada al mundo del trabajo.

El éxito de una propuesta como esta dependerá también de la participación del sector privado y de las universidades, en la capacitación técnica y vocacional de esta población. Muchas de las personas que no trabajan y viven de las ayudas gubernamentales, necesitarán ser adiestradas o readiestradas para poder trasladarse al mundo del trabajo. Es en esta etapa donde muchas de las entidades de educación postsecundaria tendrán que desarrollar programas de educación o adaptar la oferta curricular existente a las necesidades de esta población. Lo importante es equipar a las personas elegibles para este programa con las destrezas básicas para que puedan entrar al mundo del trabajo y estimular en ellos nuevamente el hambre del conocimiento, para que se mantengan en constante aprendizaje. El sector privado, a través de las diferentes industrias, debe identificar las áreas de demanda y necesidad en función de la realidad económica presente y de la pronta recuperación de la economía. Como parte de su responsabilidad social corporativa, la empresa privada debe proveer programas de contratación en tanto las condiciones económicas así lo permitan, para reclutar personas elegibles bajo esta estrategia de reducción de la dependencia de las ayudas federales. Entendemos que la industria agrícola y la de servicios, así como la de manufactura, son áreas donde existe una gran oportunidad para acomodar a los participantes de esta propuesta. Un proyecto emblemático de esta iniciativa lo sería el recogido de café en la zona central del País. Durante las últimas cosechas, gran parte del café se ha perdido por falta de mano de obra. Bajo iniciativa se podría movilizar mano de obra a recoger café y así aportar al desarrollo de la agricultura. Esta propuesta, además de tener el potencial de generar importantes efectos económicos y sociales, representa un verdadero cambio de paradigma filosófico en torno a la forma en que se han conducido nuestros sistemas sociales en las últimas décadas. El rescate de la ética del trabajo y la cultura de autosuficiencia son condiciones esenciales para la rehabilitación social y económica del País. La autoestima individual de cada puertorriqueño tiene que estar fundamentada en el trabajo, la creatividad y el mejoramiento en la calidad de vida. Aunque a corto plazo estos cambios conllevan enormes riesgos y un alto costo político, a mediano plazo representarán grandes dividendos para la sustentabilidad de la Isla. La clase política y el resto de la sociedad, tiene que internalizar que la ruta hacia la reinvención implica riesgos y mucha voluntad para hacer las cosas diferentes, si es que en efecto aspiramos a tener un País donde nuevamente la ética del trabajo sea un valor importante de la sociedad.

RESCATE DE LA AGRICULTURA

Reinventar económicamente a Puerto Rico, posiblemente implique ir a la historia y revisar aquellas industrias que en un momento particular fueron importantes para la economía. De igual forma, el ejercicio de creatividad y de reinvención con toda probabilidad nos obligará a mirar hacia otros sectores económicos que se han abandonado y que hoy podrían tener alguna relevancia. Es posible que haya que crear nuevas industrias en donde haya oportunidades competitivas, o en áreas donde ciertos "problemas" puedan transformarse en alternativas de negocios, como ocurre con el manejo de la basura, pues este tal vez sea el momento propicio para crear una novedosa industria de reciclaje. Otro de los sectores económicos que requiere el comienzo de un agresivo plan de desarrollo para rescatarlo, es la industria agrícola. Este sector productivo tiene la particularidad de que dispone de un alto multiplicador de empleo y de producción. Esta característica la hace una industria clave dentro de la estrategia de reactivación de la economía puertorriqueña. La posibilidad cada vez más real de que el mundo enfrenta una crisis alimentaria, unido a la necesidad de crear nuevas fuentes de empleo, obliga a mirar a la agricultura como una industria estratégica para el futuro del País.

Aunque por razones geográficas y de escala operacional, Puerto Rico jamás podrá lograr un 100% de autosuficiencia agrícola, sí hay espacio para aumentar la producción de ciertos productos y reducir considerablemente la dependencia en las importaciones. Sin embargo, hace falta que el gobierno y la ciudadanía entiendan la importancia que tiene la agricultura en un Plan Económico de País, para poder elaborar una verdadera política pública que permita el desarrollo de la agricultura y la asignación de recursos en el corto plazo, de modo que pueda convertirse en un sector estratégico del plan de restauración económica de Puerto Rico.

Proponemos un plan de reactivación de la agricultura fundamentado en seis puntos:

- **En primer lugar**, el gobierno tendría que incrementar el presupuesto que se le asigna al Departamento de Agricultura y reestructurar esta agencia, para que sea un verdadero ente de promoción y desarrollo del agro local. Del presupuesto consolidado del Departamento de Agricultura de 18 millones de dólares, el 83% de los recursos se consumen en nómina y en gastos administrativos no relacionados a actividades de producción y promoción[27]. Los fondos, puestos y funciones de la Administración de Servicios y Desarrollo Agropecuario se trasladaron e integraron al Departamento de Agricultura, a la Administración para el Desarrollo de Empresas Agropecuarias y a la Autoridad de Tierras; según dispuesto por el Plan de Reorganización Núm. 4 de 26 de julio de 2010, conocido como el "Plan de Reorganización de Agricultura de 2010". El problema que tiene Puerto Rico es que la agricultura es visualizada por el gobierno como una actividad marginal y poco productiva para la economía, a pesar del enorme potencial de este sector para crear empleos y reducir la dependencia de la importación de alimentos.

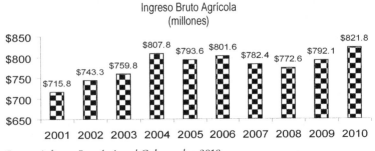

Ingreso Bruto Agrícola
(millones)

Fuente: Informe Económico al Gobernador, 2010

Todos los países que tienen industrias agrícolas fuertes, hacen grandes aportaciones para el desarrollo de su sector agrícola. Incluso el gobierno provee subsidios para asegurar que haya producción suficiente para el mercado local y para la exportación. Ese es el caso de Estados Unidos, Francia y Alemania. Ese apoyo del gobierno ocurre en

---

27 Informe de Presupuesto 2012, Informe de Gerencia y Presupuesto.

función no solo de la importancia económica, sino de la seguridad nacional[28].

- **En segundo lugar**, el Colegio de Agrónomos, junto con el Departamento de Agricultura, debe realizar un análisis de viabilidad de las actividades agrícolas con mayor potencial de crecimiento y las regiones con mayores probabilidades de reactivarse. La idea es crear un *road map* con las diferentes regiones, sectores agropecuarios y nivel de potencial para orientar los recursos y las acciones estratégicas por parte del gobierno y los agricultores.

- **En tercer lugar**, proponemos que el gobierno facilite a aquellos agricultores que dispongan de proyectos concretos y viables, la adquisición o renta de los terrenos que hoy están en manos de la Autoridad de Tierras. La política pública agrícola debe contemplar vender a precios razonables y con planes de financiamiento asequibles, los terrenos cultivables, con la condición de que solamente se utilicen para actividades agrícolas. La transferencia de la titularidad de la tierra es indispensable para que los agricultores puedan usar los terrenos como colateral para levantar el capital necesario para sus proyectos agrícolas.

- **En cuarto lugar**, proponemos el desarrollo de cooperativas agrícolas que permitan a los agricultores más pequeños organizarse mediante el modelo cooperativista y así poder compartir recursos, aumentar su escala de producción, financiamiento y comercialización de los productos. La estructura que provee este modelo, es que se pueden crear cooperativas de segundo grado[29] para actividades relacionadas a la distribución y el mercadeo, lo que puede crear eficiencia a través de la cadena de valor. También permitiría que cooperativas de ahorro y crédito puedan

---

28 La agricultura es esencial para garantizar la seguridad nacional. Muchos países han adoptado planes de contingencia ante la posibilidad de que haya una crisis alimentaria global, debido a las sequías y los desbalances en el mercado mundial de alimentos.

29 Las cooperativas de primer grado son aquellas cuyos socios propietarios son ciudadanos particulares. Los socios propietarios de una cooperativa de segundo grado son cooperativas de primer grado.

participar de proyectos agrícolas aportando financiamiento y conocimiento gerencial.

- **En quinto lugar**, el gobierno debe fortalecer los programas de incentivos contributivos a los distribuidores locales y supermercados para la sustitución de importaciones por productos locales. Esta iniciativa debe ir complementada con una campaña educativa enfocada a los consumidores, en la que se destaque la importancia de respaldar los productos del agro local. También se debe retomar la marca "Del País", que se lanzó en el cuatrienio del 2001–2004 como parte de una estrategia para mercadear los productos agrícolas en el mercado local. Esta estrategia también fue parte del proyecto de los núcleos agrícolas, que organizó a los agricultores a través de los diferentes sectores de producción.

- **Finalmente**, el gobierno local podría desarrollar una propuesta que logre convencer al gobierno federal de que es necesario habilitar legislación para proteger algunos productos agrícolas locales, como parte de un proyecto de transición económica y de reducción gradual de las ayudas federales. Hoy en Puerto Rico hay industrias que aunque tienen un alto nivel de viabilidad económica, enfrentan la competencia de conglomerados del exterior. Un aumento en la producción agrícola puede significar un aumento en el empleo y, por ende, en la reducción de ayudas federales que representan un costo para el gobierno federal. Como función complementaria a las demás propuestas, la estrategia de reactivación agrícola debe contemplar el desarrollo de plantas de procesamiento, para integrar la producción agrícola a actividades industriales y maximizar el valor agregado de la industria. La incorporación de tecnología al proceso agrícola puede ayudar a aumentar la producción con mayor eficiencia, lo que ayudaría a reducir los costos y, por ende, los precios. Una escala de precios más competitiva debe ayudar a aumentar las ventas de los productos agrícolas, tanto en el mercado local como en los mercados de exportación. Como parte de este plan para reactivar la agricultura, se debe crear un nuevo sistema de contabilidad económica para medir correctamente el impacto de la agricultura en la economía y conocer el rendimiento de los recursos fiscales invertidos en el sector. Además de la agricultura, hay que explorar el potencial de otras industrias no tradicionales, como el cooperativismo. Si algo ha quedado claro es que la estructura económica tradicional está en crisis y aunque algunas de estas industrias aún son viables (manufactura, banca e industria de servicios, entre otras), hay que mirar hacia la innovación y la reestructuración de los sectores económicos.

Resumen de las propuestas de corto plazo

Propuesta	Ejecución	Objetivos
Reducir costos operacionales	Rama Ejecutiva/ Legislatura/ Sector Privado	Proveer las condiciones para que las empresas generen empleos.
Créditos contributivos para crear empleos	Rama Ejecutiva/ Legislatura	Incentivar a las empresas a reclutar empleados.
Atracción de capital	Rama Ejecutiva/ Legislatura/ Sector Privado	Crear recursos financieros para financiar la inversión requerida para la reactivación económica.
Diversificar la estrategia promocional	Sector Privado/ Rama Ejecutiva	Diversificar los esfuerzos para atraer inversión a la Isla en diferentes sectores económicos.
Reducción de la dependencia de ayudas federales	Rama Ejecutiva/ Legislatura	Aumentar la tasa de participación laboral y aumentar la producción.
Rescate de la agricultura	Rama Ejecutiva/ Legislatura/ Sector Privado	Aumentar la producción agrícola, crear empleos, sustituir importaciones agrícolas.

CAPÍTULO 6

ESTRATEGIAS PARA SUPERAR LA CRISIS ECONÓMICA

PROPUESTAS ECONÓMICAS DE MEDIANO PLAZO

Al decir mediano plazo, me refiero a un lapso de 3 a 5 años, que es tiempo suficiente para lograr los cambios que necesita la estructura económica para estabilizarse. Cuando los economistas hablamos de que la actual crisis es estructural, nos referimos al hecho de que la estructura económica ha perdido efectividad para facilitar la creación de nuevas actividades, la creación de empleos y la generación de nueva riqueza. Alterar la estructura económica o crear nuevos componentes estructurales puede tomar tiempo y demandará una cantidad considerable de recursos fiscales. Se requerirán consensos entre los partidos y la voluntad política para implementarlos. Posiblemente, en el corto plazo, algunos de estos cambios generen costos sociales, económicos y políticos que tendrán que ser asumidos por los diferentes sectores del País. La viabilidad de estos cambios estructurales dependerá también del poder de convocatoria que puedan ejercer los actores no gubernamentales, para "venderle" a los políticos la idea de que hay que reestructurar el sistema económico en aras de asegurar un crecimiento sostenido de la economía. Finalmente, estos cambios estructurales son los que le permitirán al País recuperar la capacidad de generar tasas de crecimiento aceptables (4%-5%), para que durante la década del 2011 al 2020 se pueda superar el estancamiento de la década pérdida.

CREACIÓN DE RIQUEZA

El principal reto para lograr que la economía local pueda crecer de forma sostenida, es la creación de riqueza y la reinversión de esa riqueza dentro de la propia economía. La dependencia en el capital externo y en incentivos contributivos federales, hizo que la economía local se volviera vulnerable a las fluctuaciones de la economía norteamericana y a las decisiones del Congreso de Estados Unidos. Esencialmente, el gobierno local no tiene control de las decisiones fundamentales sobre el futuro económico de la Isla, porque estas determinaciones las toma el gobierno federal. Dentro de esa realidad política, la estrategia de desarrollo económico a ser adoptada tiene que estar orientada a la formación de nuevo capital y riqueza. Un análisis realizado por Inteligencia Económica, Inc. encontró que entre el 2005 y el 2011, Puerto Rico ha perdido $60 mil millones en riqueza. Gran parte de esta pérdida provino del colapso del sector bancario y la pérdida de valor de los activos financieros de los individuos y corporaciones. Sin embargo, todavía el País dispone de riqueza y de activos financieros que, utilizados de forma estratégica, servirían para rescatar la economía del estado deplorable en que se encuentra.

La industria de corretaje tiene sobre $31,753 millones en activos financieros de los individuos. El sistema financiero cooperativo dispone de activos valorados en $7,559 millones, que representa capital nativo propiedad de los socios de las cooperativas. Las corporaciones locales y los individuos tienen activos e inversiones fuera de la Isla que técnicamente son parte de lo que sería la riqueza nacional. La pregunta es: ¿Cómo se puede utilizar esa riqueza de forma estratégica para un proyecto de desarrollo económico? El primer paso es habilitar una política económica orientada a promover a la empresa y el capital local como base del desarrollo de la Isla. Esto implica que el gobierno provea las condiciones necesarias para que los empresarios locales se sientan confiados en invertir en nuevas actividades productivas. Hablamos de un clima saludable para que la empresa local pueda hacer negocios y que el gobierno vea al empresario puertorriqueño como un aliado y no como un adversario. Hace falta un cambio en el discurso de clases y la retórica antiempresarial por parte de los políticos, los sindicatos y algunos sectores de los medios de comunicación. La constante referencia a los sectores empresariales como "los grandes intereses", conlleva una especie de criminalización de la gestión empresarial y el éxito económico. Los empresarios locales tienen que sentirse confiados en que el País cree en ellos y que aún dentro de la actual crisis, existen oportunidades para desarrollar nuevas industrias.

ÁREAS DE OPORTUNIDAD PARA NUEVAS INDUSTRIAS

Industria	Área de oportunidad
Industria de alimentos	Fortalecer la integración entre los agricultores, distribuidores y supermercados.
Industria de alta tecnología	Crear parques tecnológicos y consorcios entre las empresas internacionales Microsoft, HP, Oracle, etc. para crear nuevas empresas de *software* para consumo local y exportación.
Industria de energía	Promover el desarrollo de empresas productoras de energía renovable para consumo local.
Industria de reciclaje	Promover el desarrollo de empresas de reciclaje y mercados de consumo de los productos reciclados.

Fuente: Inteligencia Económica, Inc.

En segundo lugar, la creación de riqueza requerirá que el sector privado y otros actores no gubernamentales, definan cuál será el curso a seguir en términos de crecimiento y desarrollo económico. Esta claridad en cuanto a los objetivos es fundamental para estimular la inversión y crear confianza en la economía. Por ejemplo: si la estrategia es crear una economía fundamentada en los servicios, las telecomunicaciones y el turismo, pues eso debe motivar al gobierno a enfocar recursos y esfuerzos hacia esos sectores estratégicos. Por ende, si los empresarios entienden que hay oportunidad en esos sectores, invertirán capital para involucrarse en el desarrollo de esas industrias. El fortalecimiento del capital local y la creación de riqueza, necesitará que el gobierno ayude a crear ventajas competitivas en ciertos sectores para el beneficio de la industria local.

En estos momentos, quedan muy pocas industrias en las cuales el capital local tenga algún liderazgo dentro de la economía. Por tales razones, el gobierno y la empresa privada deben trabajar juntos definiendo áreas en las cuales el capital local pueda comenzar a jugar un rol importante, que les permita crecer y posicionarse. Algunas de estas áreas o industrias pueden ser la industria de alimentos, la industria de energía, la de reciclaje y los servicios profesionales. Finalmente, hay que promover una cultura de ahorro en la ciudadanía, para crear la base de capital que permita financiar la inversión que requerirá el proceso de desarrollo económico de Puerto Rico. Esto quiere decir que para que haya inversión, tiene que haber ahorros dentro del sistema financiero. En el modelo anterior, el capital externo fue esencial para financiar el desarrollo industrial; sin embargo, un nuevo modelo tendrá que procurar formar capital interno para financiar el desarrollo. De igual forma, hay que proveer las condiciones para que las empresas reinviertan en la economía local, creando mecanismos e instrumentos para mover recursos locales de una industria a otra y asegurar así que la riqueza que se produzca localmente pueda crear más riqueza para el País. Actualmente, gran parte de la riqueza que se ha creado en la Isla, está destinada a inversiones pasivas (instrumentos financieros dentro y fuera de Puerto Rico). El reto es crear vehículos de inversión para que una mayor cantidad de esos recursos se puedan emplear en actividades productivas, hoteles, fábricas, infraestructura, etc. Debemos destacar, sin embargo, que Puerto Rico posee una sofisticada industria de Fondos Mutuos que hace cuantiosas aportaciones para preservar la riqueza y financiar importantes proyectos de inversión pública y privada. Esta industria deberá seguir teniendo un rol importante en el futuro inmediato de la economía.

COMPETITIVIDAD INTERNACIONAL

La economía de Puerto Rico tiene que moverse hacia una cultura de competitividad. Es decir, tiene que desarrollar la habilidad para mejorar sus procesos económicos y crear un ambiente adecuado para la expansión continua de su base empresarial. La definición de competitividad ha comenzando a incluir aspectos no económicos, como un buen sistema educativo, infraestructura física y tecnológica, acceso a buena salud, calidad de vida y estabilidad social. Además de esos aspectos, la competitividad depende de costos bajos para hacer negocios y de un marco institucional confiable y funcional. Al presente, Puerto Rico ha perdido mucho terreno en términos de su competitividad internacional, según las métricas de organismos internacionales como el "World Economic Forum" (WEF, por sus siglas en inglés) y el Banco Mundial, entre otros. Los resultados en ambos organismos para el 2010 nos colocan muy por debajo de otras economías en materia de competitividad. Puerto Rico tiene que detener el deterioro en los componentes que definen su competitividad y fijarse metas de corto y mediano plazo para volver a ser competitivo internacionalmente.

Países más competitivos del mundo	Países más competitivos de América Latina
1 - Suiza	31 - Chile
2 - Singapur	35 - Puerto Rico
3 - Suecia	49 - Panamá
4 - Finlandia	53 - Brasil
5 - Estados Unidos	61 - Costa Rica
6 - Alemania	63 - Uruguay
7 - Holanda	67 - Perú
8 - Dinamarca	81 - Trinidad y Tobago
9 - Japón	84 - Guatemala
10 - Reino Unido	85 - Argentina

Fuente: Informe de Competitividad Global 2011-2012

El primer paso en esa dirección es definir cuáles son las áreas que requieren atención inmediata y que pueden significar un mejoramiento considerable en la competitividad.

ÁREAS DE ACCIÓN INMEDIATA
PARA MEJORAR LA COMPETITIVIDAD

Área de acción	Objetivo
Educación	Mejorar la calidad del capital humano y las destrezas de la fuerza trabajadora para aumentar la competitividad global.
Seguridad pública	Mejorar la calidad de vida y la estabilidad social para atraer nueva inversión y retener profesionales.
Leyes laborales	Mejorar el marco legal que regula el mercado de empleo para lograr una mayor eficiencia y flexibilidad en el proceso de contratar empleados.
Costos de energía	Reducir el costo de energía para retener empresas y atraer nueva inversión en todas las áreas de la economía.

Una vez se definan estas áreas, entonces se debe proceder a orientar la mayor cantidad de recursos públicos y privados para mejorar los componentes seleccionados. Desde nuestra perspectiva, entendemos que el sistema educativo público tiene que ser la prioridad. Hoy día el gobierno invierte sobre $3,000 millones en el sistema de educación pública y, lamentablemente, aún los resultados distan mucho de lo que Puerto Rico merece y necesita. Los estándares de aprovechamiento académico siguen siendo bajos y la deserción escolar es altísima, lo que agrava la situación social de la Isla. Hay que romper con el actual modelo operacional del Departamento de Educación, reestructurar el sistema desde abajo hacia arriba y orientar los recursos hacia un verdadero proyecto educativo. El País necesita un sistema educativo que sea capaz de producir jóvenes capacitados para entrar a las mejores universidades locales o del exterior, y proveer alternativas ocupacionales para aquellos que decidan un trabajo más técnico.

Si se legislara para que los hijos de todos los funcionarios públicos tuvieran que estudiar en las escuelas públicas del País, se elevaría la conciencia en torno a las deficiencias y necesidades de nuestro sistema educativo, pues los políticos tendrían información de primera mano sobre la realidad que se vive en las escuelas y vivirían en carne propia los retos que enfrentan día tras día los padres de los estudiantes del sistema público. Quizá si fuera de esta manera, el gobierno se encargaría de que el sistema fuera de la mejor calidad. Mientras las escuelas públicas sean solo para los pobres y los sectores menos privilegiados económicamente, tendremos un sistema incapaz de atender las necesidades educativas del País. Mejorar la educación es indispensable para que la Isla pueda desarrollar una base de capital humano altamente adiestrada y productiva, elementos esenciales de las economías exitosas a nivel global.

Además del tema educativo, Puerto Rico tiene que convertirse en un lugar atractivo para la inversión. Eso va desde el sistema de permisos y el ambiente contributivo, hasta las leyes laborales, los costos de energía y el acceso a capital, entre otros. Por mucho tiempo la competitividad de la Isla descansó en las ventajas contributivas que proveía la Sección 936. Gracias a esa herramienta la Isla se convirtió en la capital de la manufactura del mundo. Sin embargo, al desaparecer este incentivo, no disponemos de un diferenciador competitivo, algo que nos distinga de otras economías o que le provea a la economía una ventaja para atraer nueva inversión. En el corto plazo, como ya mencionamos, hay que buscar la forma de reducir los costos operacionales, en particular el costo de energía y proveer flexibilidad al mercado laboral. Sin embargo, Puerto Rico, contrario a los 50 estados, dispone de una herramienta bien poderosa que es su autonomía fiscal. La actual relación política con Estados Unidos le permite al gobierno local determinar los impuestos sin tener que estar bajo la restricción del Código de Rentas Internas Federal. Esto hace posible que la Isla pueda habilitar un sistema contributivo diferente al resto de los demás estados, aun siendo una jurisdicción de la nación norteamericana.

Maximizar la autonomía fiscal del ELA

Hay que comenzar a utilizar la autonomía fiscal como una herramienta de promoción económica. Esto lo que implica es que Puerto Rico puede y debe desarrollar un sistema contributivo que sea el más atractivo para los residentes y las corporaciones de Estados Unidos. El gobierno tiene la capacidad de convertir a la Isla en la jurisdicción con los impuestos corporativos y personales más bajos de la nación, lo que permitiría atraer inversión, profesionales y residentes a vivir aquí. Esto, a su vez, ayudaría a ampliar la base contributiva y a aumentar los ingresos del Departamento de Hacienda, lo que implica que se estaría diluyendo la carga fiscal entre más contribuyentes. Aunque la última reforma contributiva del 2011 dio pasos en esa dirección, se quedó corta al reducir solo a 30% la tasa contributiva a las corporaciones regulares (en el 2014 la tasa se reducirá a 25%). Entendemos que todavía el gobierno está a tiempo para modificar la reforma contributiva y reducir las contribuciones personales y corporativas, a un nivel que nos convierta en la jurisdicción con las tasas contributivas más bajas de Estados Unidos.

Si el gobierno y el sector privado logran atender con rapidez y efectividad los aspectos antes mencionados, en especial los costos de hacer negocios en Puerto Rico, entonces se comenzaría a rehabilitar nuestra competitividad internacional. En la medida en que la Isla comience a mejorar su competitividad, se debe reforzar la gestión de promoción y mercadeo de esta como un destino atractivo para la inversión. A su vez, esto comenzará a estimular un ciclo de mejoramiento económico que ayudará al País a salir gradualmente de la actual crisis y sentará las bases para el desarrollo sostenido. La competitividad internacional debe ser la nueva meta de Puerto Rico.

UNA ECONOMÍA MULTISECTORIAL

Puerto Rico tiene que transitar de un modelo económico fundamentado en una sola industria, a una economía multisectorial. Aunque la manufactura debe continuar teniendo un rol importante, los retos que representan las economía emergentes, particularmente China e India, resultará una gran amenaza para la manufactura tal y como se conoce hoy.[30] Desde esta perspectiva, hay que comenzar a crear nuevas industrias o fortalecer aquellos sectores productivos que tengan un alto potencial para diversificar y balancear la base productiva de la Isla.

SECTORES PRODUCTIVOS CON CAPACIDAD DE CRECIMIENTO

Industrias	Oportunidad de crecimiento
Manufactura de alta tecnología	Hay oportunidad para la biotecnología, informática, industria aeroespacial y agro-biotecnología.
Servicios profesionales	Servicios de mercadotecnia, contabilidad y finanzas, gerencia de proyectos, ingeniería y arquitectura.
Banca, finanzas y seguros	Hay oportunidad para la industria de corretaje, banca de inversión, fondos de capital de alto riesgo y reaseguro para la exportación.
Turismo	Hay grandes oportunidades para el ecoturismo, el turismo deportivo, el turismo cultural y el turismo de la salud.
Agricultura	Avicultura, industria lechera, huevos, farináceos, cítricos, café y carne.

Fuente: Inteligencia Económica, Inc.

---

30 El surgimiento de China e India como destinos para la manufactura, ha afectado a Puerto Rico, toda vez que esas economías tienen costos laborales más bajos.

En el caso de la manufactura, las ventajas competitivas parecen descansar en la biotecnología y en las empresas de alta tecnología. Sin embargo, además de la manufactura, entendemos que existe un alto potencial para el desarrollo de otras industrias como los servicios profesionales, las telecomunicaciones, la banca y los seguros, el turismo y la agricultura. La promoción de estos sectores requerirá reenfocar la gestión de las agencias a cargo del desarrollo económico de Puerto Rico. El esfuerzo promocional y de apoyo a las empresas, debe diversificarse hacia los sectores antes mencionados proveyendo mecanismos e incentivos que permitan crear un nuevo ecosistema empresarial diversificado. Además de la diversificación de la propia estructura económica, el desarrollo de un ecosistema requerirá que se fomente el desarrollo de eslabonamientos verticales y horizontales entre las empresas locales de las diferentes industrias. Esto no es otra cosa que una empresa local de una industria particular, adquiera insumos intermedios o servicios de otra empresa local de otro sector económico. Estos eslabonamientos permitirán crear un valor agregado a través de toda la estructura económica y permitirá retener riqueza localmente fundamentada dentro del ecosistema empresarial. Las organizaciones empresariales juegan un rol importante en este proceso, toda vez que tendrán la función de crear estas alianzas y crear las redes de colaboración entre las diferentes empresas e industrias, para que se integren y trabajen de forma coordinada. Sin embargo, esto requerirá de una nueva mentalidad de los empresarios locales, al tener que transitar hacia una nueva cultura de colaboración y trabajar en alianzas estratégicas. La nueva era de responsabilidad empresarial requerirá transitar a un nuevo paradigma, en el cual las alianzas entre empresas e industrias serán fundamentales para el desarrollo de la economía.

Finalmente, urge crear un verdadero programa nacional a favor de las microempresas y el autoempleo. En el corto plazo será bien difícil que Puerto Rico pueda crear otra vez los 200 mil empleos perdidos desde que comenzó la recesión.

Muchas personas no tendrán otra opción que crear su propia empresa u optar por el autoempleo. Para potenciar este proceso, el gobierno tiene que crear una política pública integral a favor del desarrollo empresarial. Esto incluye incorporar al sistema educativo el componente del empresarismo, sensibilizar y mejorar la burocracia gubernamental, y proveer mecanismos de financiamiento. El sector público y las corporaciones grandes deben habilitar programas de apoyo a las microempresas, separando parte de su presupuesto de compras de productos y servicios, para crear una demanda inicial que les permita a estos empresarios independientes fortalecerse.[31]

---

31 Diversos países han adoptado este modelo para garantizar un mercado a empresas incipientes. Esto le provee un ingreso asegurado para que estas empresas nuevas puedan ir creciendo y buscando nuevos clientes. El gobierno tiene diversos programas de compras gubernamentales que han tenido resultados mixtos.

La economía del conocimiento

La Economía del conocimiento o Economía Basada en Conocimiento (EBC) se caracteriza por utilizar el conocimiento como elemento fundamental para generar valor y riqueza por medio de su transformación a información. En realidad, la Economía del Conocimiento no genera valor y riqueza por medio de su transformación en información; sino que crea valor añadido en los productos y servicios en cuyo proceso de creación o transformación participa. Inventos como el *microchip*, la computadora portátil y el *Ipad*, son ejemplos clásicos de la producción de la economía del conocimiento. En los últimos 30 años, diversos gobiernos han planteado la necesidad de implementar una política para desarrollar la economía de conocimiento. A pesar de algunos esfuerzos aislados, es muy poco lo que se ha adelantado para que Puerto Rico cree un verdadero ecosistema económico basado en la economía del conocimiento. La transición hacia este tipo de economía es fundamental por varias razones. En primer lugar, es el paso natural en la evolución de la economía local luego de 50 años de industrialización. Puerto Rico logró convertirse en un campeón mundial de producción de medicamentos gracias a los esfuerzos gubernamentales y la propia evolución de la industria.

La disponibilidad de una infraestructura de producción adecuada, los incentivos contributivos federales y el desarrollo de una base de capital humano de primer orden, convirtió a la Isla en el capital de la producción de fármacos a nivel global. Sin embargo, ha sido difícil poder desarrollar las actividades de investigación y desarrollo que anteceden al proceso de producción. Se estima que en el 2011, las corporaciones norteamericanas invertirán $450 billones en actividades de investigación y desarrollo para generar nuevos productos, incluyendo medicinas. Estados Unidos en la nación que más inversión realiza en actividades de investigación y desarrollo (I+D) como proporción del Producto Interno Bruto (PIB). Como parte integral de la economía norteamericana, Puerto Rico debe generar actividades de I+D y atraer ese tipo de actividad a la Isla. Aspirar a ser exitosos en esa industria no es algo inalcanzable. En primer lugar, Puerto Rico dispone de un sistema universitario público que posee una infraestructura de investigación de primer orden. Particularmente, los recintos de Río Piedras, Ciencias Médicas y el de Mayagüez, de la Universidad de Puerto Rico ya llevan a cabo actividades de I+D en el campo de las ciencias naturales, la medicina y la ingeniería. No es secreto que la Isla produce ingenieros y médicos de primer orden que terminan siendo contratados por la NASA y los mejores hospitales en Estados Unidos. Además de la actividad científica que se lleva a cabo en las universidades, una comunidad de inventores e investigadores locales ha comenzando a organizarse para fortalecer su potencial de crecimiento y comercializar la nueva propiedad intelectual creada.

Sin embargo, hace falta una política pública abarcadora e integral dirigida a maximizar el potencial de Puerto Rico en la economía del conocimiento. En primer lugar hay que reconocer el rol y liderazgo de la Universidad de Puerto Rico en el desarrollo de un verdadero ecosistema de I+D. Lejos de debilitar fiscalmente a la UPR, hay que inyectar recursos a los proyectos científicos que le permitan a la universidad proyectarse globalmente en este campo. La UPR debe ser la punta de lanza de la estrategia de convertir a la Isla en una sede respetable de actividades de I+D. Esta estrategia implica promover que la UPR pueda hacer alianzas estratégicas y convenios con otras instituciones universitarias internacionales, con gobiernos y empresas multinacionales. Desde esta perspectiva el principal centro docente, en lugar de verse como un costo fiscal, se convierte una inversión para el País y en el principal vehículo para desarrollar una verdadera economía del conocimiento. En tiempos recientes, el Sistema Universitario Ana G. Méndez ha asumido un liderazgo en la formación de consorcios entre la Academia, el sector privado y los municipios, para promover la economía del conocimiento. Estos consorcios han permitido la integración de recursos y acciones concertadas para fomentar nuevas empresas y proyectos orientados a este tipo de economía. Uno de estos consorcios es la Iniciativa Tecnológica

Centro Oriental (INTECO) localizada en la región del Municipio Autónomo de Caguas.

En segundo lugar, el gobierno tiene que comenzar a incentivar a las empresas locales a realizar inversión en estas actividades. Gran parte de la innovación tecnológica proviene de la capacidad de las empresas para crear nuevas tecnologías, que le permitan capturar nuevos mercados para generar un crecimiento económico continuo. Puerto Rico tiene que adoptar un modelo de innovación tecnológica para sus empresas locales. Un posible modelo a explorar es la Fundación Chile, una corporación sin fines de lucro dedicada a promover la transferencia de tecnología conocimiento para mejorar la competitividad del país. Esta organización ha sido fundamental en la transformación tecnológica de Chile, facilitando la innovación en industrias claves de esa nación, particularmente en la industria agrícola e informática. Una de las fortalezas de este organismo es que es independiente al gobierno y, por ende, puede garantizar la continuidad en los planes establecidos.

En el 2004 se creó el Fideicomiso de Ciencia y Tecnología como un agente para la promoción, inversión y financiamiento de actividades que fortalezcan la investigación y el desarrollo de la ciencia y la tecnología en Puerto Rico, y que redunden en beneficio del desarrollo económico. En la Isla se promoverá la colaboración estrecha entre los sectores gubernamentales, académicos e industriales del País.[32] (Ley Núm. 214 de 18 de agosto de 2004).

---

32 El Fideicomiso se nutrirá de aportaciones públicas y puede recibir respaldos de fuentes privadas. Entre las primeras, de carácter recurrente, se destacan: (1) el 20% de los dineros que hasta ahora van al Fondo Especial para el Desarrollo Económico de PRIDCO, y (2) cinco millones de dólares anuales provenientes de arbitrios federales remitidos a Puerto Rico.

GUSTAVO VÉLEZ

ALGUNAS ORGANIZACIONES QUE ESTÁN PROMOVIENDO EL DESARROLLO DE LA ECONOMÍA DEL CONOCIMIENTO

Corredor Tecnológico de Puerto Rico (PRTEC)	Entidad sin fines de lucro fundamentada en una alianza entre el sector privado, la UPR en Mayagüez y los municipios del área oeste.
INTECO	Organización sin fines de lucro basada en un alianza entre el sector privado de la región de Caguas, la Academia y los gobiernos municipales.
INDUNIV	Organismo sin fines de lucro que promueve iniciativas para adelantar a Puerto Rico en la industria de la biotecnología e industrias relacionadas.
UPR Río Piedras, Ciencias Médicas y Mayagüez	Los profesores de estos recintos llevan a cabo investigaciones científicas financiadas con fondos institucionales y propuestas federales.
Centro Comprensivo de Cáncer (MD Anderson)	Lleva a cabo tratamiento contra el cáncer e integra actividades académicas y de investigaciones científicas.

Entidades como el Fideicomiso son un paso en la dirección correcta, pero el gobierno y el sector privado tienen que establecer un plan concreto y con metas a corto plazo para adelantar la agenda de la economía del conocimiento. La aspiración de Puerto Rico a ser un país avanzado científica y tecnológicamente requerirá de un compromiso claro de sus instituciones gubernamentales y académicas. La agenda en la ruta hacia la economía del conocimiento requerirá mejorar el sistema de educación pública, orientando los recursos hacia una educación de excelencia en las ciencias y las matemáticas.

También es vital proveer incentivos a los ingenieros, científicos y todo el personal clave que necesita esta industria para retenerlos en la Isla y mejorar la calidad de vida, para atraer actividades de I+D de Estados Unidos a la Isla. Este es un cambio de paradigma mediante el cual la continua adquisición de conocimiento y la innovación, sean valores sociales y culturales de la sociedad puertorriqueña. La transición hacia la economía del conocimiento adquiere desde esta perspectiva, una nueva aspiración social y cultural, como nuevas herramientas para alcanzar un nuevo nivel de desarrollo. Es un cambio de paradigma que incluye el desarrollo intelectual, cultural y social del ser humano, que permite la transición colectiva de una sociedad a un nuevo nivel de conocimiento y continuo aprendizaje.

INTERNACIONALIZACIÓN
DE LAS EMPRESAS LOCALES

Gran parte del crecimiento de las llamadas economías emergentes proviene de su participación en los mercados globales. El comercio exterior se ha convertido en un componente fundamental de las economías exitosas, como las de China e India. En el hemisferio americano tenemos el ejemplo de Chile y Brasil, que de una forma muy exitosa han logrado desarrollar industrias capaces de exportar y alimentar su proceso de desarrollo económico. Puerto Rico tiene que poner en marcha una verdadera estrategia de internacionalización de las empresas locales que les permita comenzar a exportar productos y servicios. A lo que nos referimos es a que aun dentro de las restricciones que impone la actual relación política con Estados Unidos en materia de comercio exterior, el gobierno y el sector privado deben definir una estrategia para participar en foros comerciales internacionales. La realidad geográfica y lo limitado del mercado local, obligan a las empresas que quieran aumentar sus ventas y ganancias a buscar nuevos mercados fuera de la Isla. Más importante aun, ante la debilidad de la economía local, la exportación se convierte en una alta prioridad para que las empresas locales puedan mantener un nivel de estabilidad y crecimiento. Posiblemente las empresas que no puedan crecer a nivel internacional estarán en riesgo de desaparecer porque el mercado local no será suficiente para mantener niveles de rentabilidad aceptables.

Sin embargo, más allá de exportar, los empresarios locales deben comenzar a integrarse de una forma más proactiva en los diferentes proyectos comerciales regionales y hemisféricos. Iniciativas como el Tratado de Libre Comercio con Centroamérica y República Dominicana, (CAFTA-DR), tienen que ser visualizadas como oportunidades para las empresas locales. El gobierno tiene que hacer política pública dirigida a promover la participación de las empresas puertorriqueñas en estos procesos de apertura comercial en la región. Es harto conocido que cuando el gobierno de Estados Unidos negocia estos tratados, se enfoca en adelantar los intereses económicos de la nación y no de estados o jurisdicciones particulares. Por esta razón diferentes estados de la unión llevan a cabo sus propias iniciativas comerciales en diferentes mercados e implementan su propia estrategia de promoción internacional. Puerto Rico no puede quedarse pasivo y esperar a que sea el gobierno federal el que adelante los intereses comerciales de la Isla en el exterior. Por tal razón, el gobierno local y los organismos empresariales tienen que desarrollar su propia estrategia de internacionalización empresarial y definir metas de exportación de corto, mediano y largo plazo. Como primer paso de esta estrategia urge definir cuál es la oferta exportable de las empresas locales. Es decir, cuáles son las empresas de capital nativo que tienen un nivel de producción adecuado y cuentan con condiciones aceptables para exportar.

EMPRESAS QUE ESTÁN PARTICIPANDO EN LOS MERCADOS INTERNACIONALES

Empresas locales que exportan	Productos
Panamerican Grain	Alimentos y bebidas
Goya	Alimentos
Bacardí	Ron
Martex Farm	Frutas y productos agrícolas

Fuente: Inteligencia Económica, Inc.

Una forma efectiva de potenciar la presencia internacional de las empresas locales, es proveyendo herramientas y recursos a las empresas que ya han alcanzado un nivel de madurez adecuado para salir a competir internacionalmente. La industria de alimentos y bebidas es en donde mayor número de empresas están exportando en la actualidad. Empresas como Bacardí, Goya, Panamerican Grain y Martex Farm han logrado penetrar en los mercados globales, particularmente en Estados Unidos. Para estas empresas, el mercado hispano ha sido parte de la evolución natural hacia la exportación. En primer lugar, por el fortalecimiento del poder adquisitivo de puertorriqueños y otros grupos hispanos en Estados Unidos. Los hispanos no solo han aumentado en población (40 millones) sino que han evolucionado en el aspecto económico. Mientras que la presencia de cuatro millones de boricuas, concentrados principalmente en la costa este de Estados Unidos, es un mercado natural para las empresas de exportación de productos atractivos al gusto latino.

De igual importancia es la presencia de firmas multinacionales de la industria de alimentos en la Isla, que permite utilizar estos canales comerciales para exportar. De hecho, el gobierno provee incentivos contributivos para que estas empresas compren y exporten productos locales. Por último, pero nos menos importante, no es secreto que la cultura hispana ha cobrado auge en Estados Unidos. Si las empresas locales lograran vender diez dólares en productos a cada hispano ubicado en el continente, el impacto en ventas nuevas sería de $400 millones anuales en ventas.

Además de la industria de alimentos, entendemos que hay que mirar las oportunidades que existen para aumentar la presencia de empresas de servicios en los mercados de la región. Puerto Rico dispone de una sólida industria de servicios profesionales en segmentos importantes como la abogacía, ingeniería, arquitectura, contabilidad, finanzas, publicidad y tecnología, entre otros. Las firmas locales de servicios tienen una gran oportunidad de proveer servicios a países que recién comienzan a integrarse comercialmente a Estados Unidos bajo los nuevos tratados. Los profesionales locales pueden servir como socios estratégicos de sus homólogos en el proceso de integración comercial y hacer alianzas de colaboración en áreas específicas. Además del área de servicios profesionales, las empresas de construcción local tienen una gran oportunidad para ampliar su presencia en el ámbito internacional. El peritaje logrado por muchas de las empresas locales en el desarrollo y gerencia de proyectos de construcción es un gran activo para salir a competir a los mercados internacionales. De hecho, ya algunas de estas empresas están llevando a cabo proyectos en países como Panamá, República Dominicana y Costa Rica. La incursión de las empresas locales en los mercados globales requerirá del desarrollo de inteligencia de mercados, de la consolidación de alianzas con empresas en los diferentes países y de la voluntad del liderato empresarial de Puerto Rico para abrirse espacio en la economía global.

El País tiene que comenzar a dejar el aislamiento económico y comercial, y mirar más allá del mercado norteamericano a regiones como China, Europa y Latinoamérica. En la parte sur de nuestro continente contamos con importantes economías emergentes como Brasil, Colombia, Chile y Perú, que están creciendo de forma espectacular. Como parte de su reinvención económica, Puerto Rico tiene que comenzar a integrarse comercial y económicamente a América Latina. Hay que buscar mecanismos e instrumentos que le permitan a nuestra economía acercarse al MERCOSUR y al Pacto Andino, toda vez que muchas de las oportunidades de desarrollo comercial provendrán de esas regiones. Las organizaciones empresariales y el gobierno deben participar de manera activa en los diversos eventos o encuentros que se llevan a cabo en estos organismos internacionales. Igualmente, Puerto Rico puede jugar un importante papel de puente comercial entre Estados Unidos y America Latina, dentro de la agenda de expansión comercial de nuestro principal socio comercial. La Isla tiene que prestar particular atención a una posible normalización de las relaciones diplomáticas y comerciales entre Estados Unidos y Cuba. Más que una amenaza, la apertura de la economía cubana puede representar una gran oportunidad para la economía local, si se hacen los preparativos para capitalizar las oportunidades que surgirán de ese proceso. Cuba, República Dominicana y Puerto Rico pueden representar un bloque comercial-económico muy poderoso para revitalizar la económica la región del Caribe. Sin embargo, esto requerirá de pensamiento y acciones estratégicas bien puntuales.

Estrategias para aumentar la exportación

Estrategia	Objetivo
Crear incentivos para la exportación de servicios y productos.	Facilitar la participación de empresas locales en los mercados globales.
Vehículos de financiamiento para la exportación.	Apoyo financiero a los esfuerzos de exportación de las empresas.
Convenios de colaboración con organismos empresariales del exterior.	Acercar empresas locales a potenciales mercados de exportación de manera organizada.

Fuente: Inteligencia Económica Inc.

Sin lugar a dudas, la internacionalización económica requerirá de grandes esfuerzos, no solo del sector privado sino también del gobierno. Se necesita de una política pública clara y coherente, además de la inversión de recursos fiscales para facilitar la participación de las empresas locales en los mercados internacionales. Se deben destinar recursos fiscales en conjunto con la industria para desarrollar un programa de promoción comercial, enfocado hacia los mercados de mayor crecimiento en el hemisferio. Y finalmente, el sector privado debe procurar alianzas con las cámaras de comercios y organizaciones empresariales de los países con los cuales hay mayor oportunidad de colaboración comercial. Hoy más que nunca entendemos que la globalización debe dejar de ser una mera discusión teórica para convertirse en un plan de acción empresarial y gubernamental.

Una mejor distribución del ingreso

El éxito económico de una sociedad no se puede medir únicamente en función de las estadísticas económicas o de los índices financieros. Una sociedad exitosa es aquella que además de ser capaz de producir riqueza y calidad de vida, distribuye el ingreso de forma equitativa y provee acceso a las oportunidades. A pesar del éxito económico alcanzado en las últimas décadas, Puerto Rico se convirtió en una sociedad con grandes desigualdades en materia de poder adquisitivo e incapaz de generar oportunidades para amplios sectores de la población. La desigualdad económica ha provocado una mayor polarización de la sociedad y, por ende, ha agudizado las grandes tensiones sociales que vive el País hoy. Uno de los retos de la estrategia de desarrollo económico es cómo lograr que haya una mejor distribución del ingreso. Un análisis reciente del Centro para la Nueva Economía, no solo evidenció que el País está en pleno proceso de empobrecimiento, sino que permitió ver que la distribución del ingreso ha desmejorado.

Se puede lograr una mejor distribución del ingreso mediante tres maneras. En primer lugar, hay que garantizar que haya acceso a las oportunidades educativas y de empleo. Cualquier proyecto económico de futuro tiene que asegurar que cada puertorriqueño, independientemente de su nivel o trasfondo socioeconómico, tenga acceso a educarse y a obtener un buen empleo. Un buen empleo implica que pague un salario aceptable, que le permita a la persona vivir por encima del umbral de pobreza.

Salarios Totales Pagados
(millones)

Fuente: *Informe Económico al Gobernador 2010, Junta de Planificación*

La segunda vía para asegurar que haya una justa distribución del ingreso es a través de los salarios que pagan las empresas a sus empleados. Un objetivo fundamental de la estrategia de desarrollo y de la reinvención económica del País, es lograr aumentar la productividad laboral y aumentar los salarios de los empleados. Un aumento en los salarios que esté fundamentado en el rendimiento laboral permite mejorar el nivel de ingreso en la economía, lo que a su vez expande la base de producción y consumo del País. Sin embargo, para lograr esto se requiere que el gobierno provea las condiciones óptimas a las empresas para operar los negocios, crear empleos y lograr una política salarial justa que esté fundamentada en la productividad de los empleados. Para lograrlo, es importante crear nuevas métricas confiables que permitan proveerle a los patronos y empleados una fuente segura para las decisiones salariales. Esto es muy diferente al enfoque actual del gobierno, que es forzar mediante legislación punitiva a que las empresas aumenten los beneficios a los empleados sin las consideraciones de aumento en los costos operacionales, las condiciones económicas adversas y la caída en la productividad laboral.

Finalmente, la tercera forma de mejorar la distribución del ingreso es mediante el sistema contributivo. El carácter progresivo[33] del actual sistema ya atiende la redistribución del ingreso, en la medida en que los que menos ganan, son

---

33 En un sistema contributivo progresivo los individuos que más ganan pagan una tasa contributiva mayor por sus ingresos.

aquellos que menos impuestos tienen que pagarle al gobierno. La reforma contributiva implementada en el 2011, reforzó este carácter progresivo reduciendo aún más la carga a la población con ingresos de $20 mil o menos anuales. Sin embargo, a nuestro juicio, la reforma tributaria implementada recientemente, se quedó corta en términos de justicia hacia los sectores considerados como la clase media y media alta, toda vez que estos sectores de ingresos continúan absorbiendo gran parte del peso contributivo[34]. Proponemos una reducción todavía mayor en la carga de este grupo de contribuyentes, mediante un aumento en los esfuerzos de recaudos del Impuesto de Venta y Uso (IVU) y las gestiones en contra de la evasión contributiva. Los ingresos obtenidos de estos trámites permitirán reducir la carga contributiva a la clase media y desalentar la emigración de profesionales hacia Estados Unidos.

Es indispensable que mediante las tres vías antes mencionadas, Puerto Rico logre mejorar la distribución del ingreso. El cierre de la brecha de la desigualdad económica y la conversión del País en lugar donde haya oportunidades para cada ciudadano, abonarán grandemente a lograr un mejor clima social y, por ende, ayudará al crecimiento de la economía.

---

34 Antes de la reforma contributiva, la llamada clase media, integrada por las personas con ingresos entre $30,001 y $75,000 anuales, ascendió a 246,944 contribuyentes y aportó al fisco $910 millones o cerca del 30% de las contribuciones.

RESUMEN DE LAS PROPUESTAS DE MEDIANO PLAZO

Propuesta	Ejecución	Objetivos
Creación de riqueza	Sector Privado	Crear el capital local para financiar el desarrollo económico de largo plazo.
Competitividad internacional	Rama Ejecutiva/ Legislatura/ Sector Privado	Mejorar la habilidad para el crecimiento de las empresas y atraer nueva inversión a Puerto Rico.
Economía multisectorial	Rama Ejecutiva/ Legislatura/ Sector Privado	Diversificar las industrias productivas y reducir la dependencia en un solo sector económico.
Economía del conocimiento	Sector Privado/ Rama Ejecutiva	Facilitar la transición de Puerto Rico hacia actividades fundamentadas en el uso del conocimiento.
Internacionalización de las empresas locales	Rama Ejecutiva/ Legislatura/ Sector Privado	Promover la inserción de Puerto Rico en los mercados regionales y aumentar las exportaciones.
Mejor distribución del ingreso	Rama Ejecutiva/ Legislatura/ Sector Privado	Aumentar el ingreso y reducir la polarización socioeconómica.

CAPÍTULO 7

UN LLAMADO
URGENTE A LA ACCIÓN

La construcción de una agenda económica real y viable para atender la actual crisis, tiene que estar fundamentada en una apertura de todos los sectores y tiene que haber un entendimiento de que cualquier solución requerirá sacrificios de todos los componentes de la sociedad. El presente estado de deterioro socioeconómico exigirá medidas drásticas y efectivas para revertir los efectos de la situación económica. El País tendrá que transitar de una mentalidad en extremo individualista, hacia una visión colectiva y de solidaridad que permita construir una solución integral y no soluciones fragmentadas. Como dijo Albert Einstein: *"Locura es hacer la misma cosa una y otra vez esperando obtener diferentes resultados"*. La crisis nos debe obligar a pensar "fuera de la caja", a reinventar las estrategias y a darle paso a nuevas formas de hacer las cosas.

Aunque Puerto Rico tiene que construir su propia solución y no importar soluciones ajenas a nuestra realidad, podemos mirarnos en el espejo de otros países que ha sido capaces de superar profundas crisis económicas y fiscales. Por ejemplo: Argentina, luego de un colapso económico y fiscal en el 2001, fue capaz de rescatar su economía y hoy se encamina hacia la prosperidad. Otro caso interesante es el de Chile que, a pesar de los altos costos sociales y humanos de la dictadura militar, pudo transitar hacia la democracia en el 1990 y mantener la estabilidad de los exitosos programas económicos del régimen anterior. En Brasil, Lula Da Silva, un

ESFUERZOS DE
REINVENCIÓN BORICUA

"Agenda Ciudadana" es un proyecto de generación de propuestas organizado por CAPE-DCOM y el periódico El Nuevo Día, con la intención de discutir ideas y producir respuestas a los retos que enfrenta Puerto Rico. Este proyecto ha asumido una gran relevancia toda vez que persigue crear un nuevo modelo de gobierno fundamentado en alianzas no tradicionales que permitan implementar proyectos a favor de todo el País y no de grupos o agendas particulares. Los nuevos modelos de gobierno propuestos en esta iniciativa se caracterizan por la apertura y la participación ciudadana.

carismático líder sindical (marxista) ascendió al poder y mediante medidas económicas pro crecimiento, consolidó a su nación como una de las economías más dinámicas y estables de América del Sur. Más lejos de Puerto Rico, en África, tenemos el caso de Sudáfrica que luego del fin del régimen de segregación racial y el ascenso de Nelson Mandela al poder en el 1994, fue capaz de mantener la estabilidad política y el crecimiento económico. En un capítulo previo mencionamos el caso de cómo Rwanda, luego de unos de los peores genocidios que ha tenido la humanidad, ha puesto a caminar un revolucionario programa de promoción empresarial y desarrollo económico.

Gobernar a Puerto Rico se ha vuelto una tarea muy difícil –por no decir imposible– porque lo inmediato derrota lo importante. Así transcurren gobiernos, resolviendo la crisis del momento, lo que impide gestar proyectos de largo plazo. La Isla necesita habilitar un nuevo pacto de gobernabilidad social, económica y política, que permita implementar los grandes cambios estructurales que demanda la actual crisis. Urge un nuevo modelo de gobernar fundamentado en alianzas no tradicionales, que permitan implementar proyectos a favor de todo el País y no de grupos o agendas particulares. Los nuevos modelos de gobierno que han logrado sostenerse exitosamente se caracterizan por la apertura y la participación ciudadana. En Puerto Rico eso será posible en la medida en que visualicemos el gobierno, no como un fin en sí mismo sino como un instrumento para adelantar la agenda del pueblo. La crisis obliga a que los partidos políticos se reinventen y puedan convertirse en instrumentos para promover nuestro desarrollo social y económico.

El gobierno actual o futuro, tiene que ser consciente de que la recuperación económica obligará a orientar todos los recursos fiscales, financieros y humanos hacia nuevas actividades productivas, que generen los miles de empleos que Puerto Rico necesita para regresar a donde estaba antes de la caída del 2006. Para superar el punto donde estábamos antes de la recesión, como señalé antes, urge crear al menos 200 mil empleos adicionales, para llevar a la economía a un crecimiento anual que sea aceptable durante la próxima década.

Esto requerirá una inversión de capital mínima de por lo menos $10 mil millones de dólares durante los próximos cinco años. Si partimos de la premisa de que esa inversión debería ser de origen local, hay que crear las condiciones internas para generar el nuevo capital. Eso implica proveer estabilidad y confianza, crear un clima empresarial adecuado, reducir los costos de hacer negocios, habilitar incentivos a la inversión y crear un ecosistema de actividades económicas a través de toda la economía.

La economía a la que debemos aspirar de cara a la década que apenas comienza, debe incorporar a sectores económicos que se han abandonado, como la agricultura, y darle más importancia a formas de organización empresarial más orientadas a lo social, como la autogestión, el cooperativismo y la microempresa. Puerto Rico necesita de un nuevo capitalismo más social, más inclusivo y más responsable con el ambiente, de modo que permita apoyar el funcionamiento óptimo de todas las industrias.

Durante la segunda mitad del siglo pasado, nuestros abuelos fueron capaces de inspirarse y soñar, y a pesar de la adversidad pudieron construir un Puerto Rico social y económicamente viable. La generación de aquellos tiempos no tuvo miedo, sino que fue valiente y decidió trabajar para construir el país que heredamos las generaciones posteriores. Aquel grupo de ciudadanos, al ver la pobreza y el hambre que afligían a la Isla, decidió poner los intereses colectivos por encima de los partidistas y así fue que parieron el País moderno en el que tuvimos la dicha de vivir y que hoy ha entrado en una nueva crisis. Pero esto no significa que no podamos superarla. De la misma forma en que se superó la crisis del 1930 y la del 1973-75, el País está más preparado hoy para superar los desafíos de lo que estaba en las instancias históricas anteriores.

No dejemos perder el legado que nos dejaron nuestros abuelos y nuestros padres, y asumamos el reto de reconstruir económicamente a Puerto Rico. Eso será posible solamente si el País se propone transformarse a sí mismo, darle paso a su creatividad y encender de nuevo los motores productivos que hace medio siglo nos convirtieron en una de las economías más dinámicas del mundo.

Recomendaciones a la ciudadanía para derrotar la recesión

Ante la peor crisis económica en la historia del País, amplios sectores de la ciudadanía y del mundo empresarial, han sido incapaces de enfrentar con éxito los retos que impone esta recesión. Ante el hecho de que no hay recetas previamente construidas, porque nunca habíamos tenido que enfrentar un problema como el vigente, la Isla no tiene otra opción que no sea comenzar a construir estrategias y soluciones. No hacer nada es la ruta más rápida para asegurar el fracaso individual y colectivo. El inmovilismo y el pesimismo se han apoderado de muchos sectores de la sociedad y de la comunidad empresarial, lo que afecta la posibilidad de crear las condiciones para superar la crisis económica y derrotar la recesión. Además de los factores estrictamente financieros o económicos, hay aspectos psicológicos que inciden en la conducta de los consumidores y los inversionistas. Es la parte emocional a la que se refieren los especialistas de la conducta humana y que tiene que ver en gran parte con las conductas económicas. Es por eso que la economía es una ciencia social, porque es la ciencia que estudia cómo los seres humanos organizados en sociedad, pueden satisfacer necesidades ilimitadas con recursos limitados.

En esta recesión económica esa escasez ha aumentado aún más, lo que obliga a los ciudadanos y a las empresas a ser más creativos y a reinventarse para enfrentar el problema de limitación de recursos para satisfacer las necesidades. A tales efectos, como complemento al análisis y las recomendaciones esbozadas anteriormente, presentamos una guía de consejos prácticos para la ciudadanía y las empresas.

Ajustarnos a la nueva realidad económica

Luego de cinco años en recesión, todavía amplios sectores de la ciudadanía se encuentran en un estado de negación de la seriedad de la actual situación económica. Ciudadanos de todos los sectores se resisten a creer que el País no es el mismo y que hemos entrado en una nueva era de austeridad.

Parte de esta negación proviene de que muchas personas se acostumbraron a vivir en un estado de abundancia y pretenden seguir consumiendo más allá de las posibilidades reales que les permiten sus recursos. El primer paso para colocarnos en posición de derrotar la recesión es entender la nueva realidad económica y ajustarnos a ésta. Ello implica adaptarnos a vivir con restricciones presupuestarias y a manejar nuestras necesidades de forma realista con los recursos que tenemos. En esencia, hay que redefinir nuestras conductas económicas y enmarcarlas en la nueva realidad financiera de Puerto Rico. Muchas de las personas o negocios que no han entendido esto, han tenido que radicar una quiebra o han colapsado financieramente.

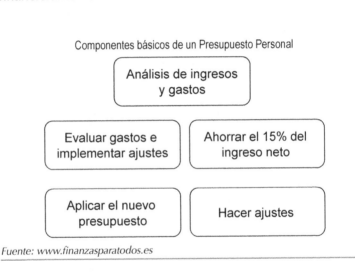

Componentes básicos de un Presupuesto Personal

Fuente: www.finanzasparatodos.es

PLANIFICACIÓN FINANCIERA

El entendimiento de la crisis económica y la adaptación al nuevo Puerto Rico, debe provocar una nueva cultura que comprenda la importancia de adoptar el presupuesto como una herramienta de planificación financiera. El presupuesto es la forma más efectiva de definir prioridades y organizar los gastos de acuerdo a los recursos. En un mundo ideal y financieramente responsable, una familia debe vivir en un estado en el cual los gastos no excedan los ingresos. La realidad en la Isla ha sido a la inversa: en la inmensa mayoría de los casos, los gastos superan los ingresos, lo que ha llevado a un nivel de endeudamiento que ha agudizado aún más la crisis. Los individuos y las familias tienen que comenzar a diseñar un presupuesto y hacer el ejercicio de definir cuáles son las prioridades de gasto, partiendo desde los compromisos financieros más importantes, como la hipoteca, la comida, el seguro de salud, la educación y la transportación. De igual forma, es importante reducir gastos que no son necesarios y que permitirían realizar economías para tener ahorros para el futuro. Los expertos en finanzas personales sugieren que un trabajador promedio debe ahorrar entre un 10% y un 15% de su salario neto. Esto permitirá tener una base de ahorros que representen hasta seis meses del salario, que puede utilizarse en caso de que pierda el empleo.

REINVENCIÓN PROFESIONAL

La pérdida de 202 mil empleos en los pasados cinco años, significa que será muy difícil depender del mercado laboral para obtener un empleo. Esto implica que muchas personas que ha perdido su trabajo les tomará mucho más tiempo para obtener uno nuevo. Los pocos empleos que existen son aquellos altamente especializados o de bajos salarios. Ante la realidad de un mercado laboral adverso, muchos profesionales y trabajadores en general no tendrán otra opción que reeducarse en nuevas áreas de mayor demanda ocupacional. El Departamento del Trabajo y Recursos Humanos (DTRH) preparó un estudio que tiene las proyecciones de las ocupaciones con mayor demanda para la próxima década. Este estudio esta disponible de forma gratuita en la página cibernética del DTRH (www.dtrh.gobierno.pr).

LA RUTA EMPRESARIAL

Establecer un negocio también es una opción viable para quienes han perdido su empleo o que no consiguen un nuevo trabajo. De hecho, las propias estadísticas del Departamento

ESFUERZOS DE
REINVENCIÓN BORICUA

Ante la adversidad económica, se evidencia una clara actitud de reinvención en la ciudadanía. Cada día vemos más ejemplos de personas que han perdido su empleo y que, ante esa circunstancia, han decidido establecer su propio negocio o han regresado a estudiar para emplearse en ocupaciones de mayor demanda. La crisis económica ha despertado el interés en el empresarismo, en muchas personas que bajo otras circunstancias no hubiesen montado su propia empresa.

del Trabajo indican un incremento en el autoempleo o personas trabajando por su cuenta. La crisis ha provocado que muchos que nunca habían considerado establecer su propio negocio, se vean motivados a hacerlo. Aunque parezca una locura, aun dentro de la actual situación económica, establecer un negocio puede representar un proyecto exitoso. Con la asesoría necesaria, la conversión de una idea en un proyecto empresarial puede tener grandes posibilidades de éxito. Existen una gran cantidad de organizaciones públicas y sin fines de lucro que proveen asesoramiento a individuos interesados en desarrollar nuevas empresas. Entidades como el Banco de Desarrollo Económico, la Administración para el Desarrollo de Pequeñas Empresas, y la Compañía de Comercio y Exportación, entre otras, administran programas especializados para nuevas empresas y negocios existentes. La información disponible apunta a que negocios relacionados a los servicios profesionales, empresas de tecnología, el comercio electrónico, negocios asociados a la educación, la salud y la industria de alimentos, exhiben un alto nivel de viabilidad, incluso dentro de la crisis. La base para cualquier proyecto empresarial es identificar una idea y, mediante la aplicación de un plan de negocios, comenzar a estructurar esa concepción en un proyecto comercial.

EL CIUDADANO ECONOMISTA

En lo que respecta a la economía, no se puede actuar a base de rumores e información sin fundamentos. Hoy más que nunca es importante que la ciudadanía recurra a información válida y certera para entender las tendencias de la economía del País. Si algo positivo ha tenido esta crisis, es que ha generado un proceso de educación en la ciudadanía sobre conceptos financieros y económicos, que antes eran de dominio exclusivo de economistas y expertos. La situación vigente ha obligado a generar una nueva conciencia; una nueva cultura financiera que sirve como herramienta para lidiar con los problemas económicos. Cuando hablo del ciudadano economista, me refiero a la adquisición por parte de la ciudadanía de destrezas básicas de planificación financiera, la utilización de un presupuesto y la interpretación de conceptos básicos como: inflación y recesión, tasas de interés, refinanciamientos, bonos y acciones, entre otros. La comprensión de estos conceptos básicos es indispensable para poder tomar decisiones inteligentes que permitan organizar mejor los recursos financieros de cada hogar. Recientemente, ha surgido el concepto del consumidor inteligente, en referencia a que es más analítico, y está más informado sobre los precios y las alternativas que tiene para maximizar el rendimiento del dinero. Sin costo alguno, el ciudadano promedio tiene acceso a mucha información sobre estos temas financieros y económicos. Por ejemplo: como parte de su responsabilidad social corporativa, diversos bancos e incluso compañías que ofrecen servicios financieros –como tarjetas de crédito– han comenzado programas educativos dirigidos al consumidor. La Internet también es otro recurso para obtener este tipo de información.

Componentes básicos de un Plan de Negocios

Proyecto y objetivos	Recursos humanos
Producto y mercado	Aspectos legales
Competitividad	Plan operacional
Plan de mercadeo	Resultados previstos
Plan de ventas	Plan de financiamiento

Fuente: www.plannegocios.com

Recomendaciones a los empresarios

Además de los consumidores, la comunidad empresarial local ha sido duramente golpeada por la actual crisis. Entre el 2005 y el 2011, cerca de 5,000 negocios han radicado quiebra o han cerrado operaciones, lo que ha agudizado la problemática económica. Empresas de gran prestigio en la comunidad, que llevaban décadas operando con éxito, han dejado de existir. En el 2010, tres bancos locales fueron cerrados por los reguladores debido a su insolvencia, y en la industria de la construcción, son muchos los desarrolladores de hogares y contratistas que han tenido que radicar quiebra.

Dentro de la comunidad empresarial, los comercios pequeños han sido los que más afectados se han visto, debido al tamaño de su operación, la falta de suficiente capital y el aumento en los costos, particularmente la electricidad y los impuestos (impuesto al consumo). Ante la posibilidad real de que la recesión se extienda por mucho más tiempo, consideramos indispensable proveer a este sector de la comunidad de negocios con herramientas y consejos prácticos para que puedan hacerle frente a la recesión con éxito.

Entender el nuevo contexto macroeconómico

El primer consejo a los empresarios es que tienen que entender con precisión la realidad macroeconómica en la que están operando en la actualidad. Cinco años después del inicio de la recesión, todavía hay amplios sectores de la comunidad empresarial que entienden que Puerto Rico saldrá pronto de la recesión y que la Isla regresará a los tiempos de la bonanza experimentada en la década del 90. La única forma de poder adoptar estrategias de negocios fundamentadas en la realidad económica, es accediendo al análisis del mercado en el que opera, y a indicadores claves como el empleo, el ingreso y el consumo. El comportamiento de estos indicadores es una buena referencia para conocer cómo el movimiento de estas variables está afectando las ventas y poder establecer métricas de salud del negocio en función de la economía. En la época en que había bonanza económica en Puerto Rico, este entendimiento de las tendencias de la economía no era necesario, pues la propia bonanza creaba suficientes oportunidades para los negocios existentes. No obstante, en la actualidad, la incapacidad para manejar este tipo de información tiene repercusiones nefastas en los negocios.

RETENCIÓN DE LA BASE DE CLIENTES

Ante la reducción en los niveles de ingreso y de consumo, casi todos los mercados se están reduciendo. Las empresas están batallando para retener su cuota de mercado, bajando precios y haciendo énfasis en áreas como el servicio para mantener a su base de clientes. La estrategia detrás de estos esfuerzos es evitar que se erosione la base de ingresos actual, aunque eso implique sacrificar ganancias con precios menores. La recomendación a las empresas es que deben evaluar sus costos y analizar hasta qué punto se pueden reducir los precios sin entrar en pérdidas para retener la cuota de mercado y, si es posible, ampliarla. La combinación óptima debe ser reducción de precios sin sacrificar mucho el margen de ganancia y, a la vez, hacer énfasis en los servicios y la calidad de la relación con los clientes. Las empresas han entrado en una dinámica conocida como "canibalización" del mercado, que es lograr crecimiento quitándole clientes a los demás competidores. Este proceso, de sostenerse dentro de esta crisis, puede culminar en la salida de empresas que no podrán hacer frente a la competencia y a los bajos precios de los competidores, lo que provocará una alta concentración de mercado (pocas empresas por mercado). El reto que enfrentan las empresas, en particular las de menor escala, es cómo lograr el mayor nivel de eficiencia para reducir sus costos operacionales y proporcionalmente bajar sus precios para retener a sus clientes. Este ejercicio debe hacerse con el apoyo profesional de contables, expertos en conducta organizacional y especialistas en mercado, para lograr la combinación óptima de precios competitivos con un mejor servicio.

Redefinir el modelo de negocios

Consistente con el consejo anterior, muchos negocios se han visto obligados a revisar y cambiar su modelo de negocios. Un ejemplo de esto es, por ejemplo, el surgimiento de empresas que alquilan películas por correo, lo que representa un cambio en el modelo de negocios tradicional, que es ir a un lugar físico a alquilar películas. El surgimiento de la Internet ha cambiado muchas de las reglas de juego a las que estaban acostumbrados los negocios. Estos tienen que revisar cómo adaptar su modelo de operar ante los cambios tecnológicos, económicos y sociales. Por ejemplo: restaurantes que antes ofrecían opciones de platos caros, han revisado su ofrecimiento hacia alternativas más módicas y asequibles para la nueva "clase media". Tenemos el ejemplo de líneas aéreas que ofrecen boletos más económicos para los nuevos viajeros que tienen menos recursos. Los cambios del modelo de negocio tienen que tomar en cuenta la nueva realidad del mercado al que se sirve, los cambios que está realizando la competencia y las propias estrategias de supervivencia de las empresas en este nuevo contexto de escasez económica. El fundamento principal de cualquier cambio en el modelo de negocios tiene que tomar en cuenta que la empresa se mantenga viable y que el equipo de trabajo o los empleados (la cultura de la organización) pueda adaptarse y entender dichos cambios. El componente humano de la organización juega un rol importante, toda vez que los empleados juegan un rol clave en la implementación exitosa de las nuevas metas del negocio. Los empleados se convierten en el principal aliado de la organización en momentos de dificultad económica. Por lo tanto, hay que mantener al equipo de trabajo motivado y en una relación colaborativa para conseguir y sostener un buen clima laboral que facilite la transición hacia ese nuevo modelo de negocios que exige la situación actual del mercado.

ESFUERZOS DE REINVENCIÓN BORICUA

En la década del 2000, la masificación de la tecnología y el Internet comenzó a abrir nuevas posibilidades para el desarrollo de novedosas oportunidades de negocios de una forma más costo-efectiva. En Puerto Rico, muchas personas han abrazado la tecnología como un ejercicio de reinvención para crear nuevos negocios y formas de autoempleo.

TRANSFORMACIÓN TECNOLÓGICA

La implementación de tecnología es una de las estrategias preferidas por las empresas en estos momentos de crisis. Sin embargo, para potenciar el éxito de la adopción de las mismas, estas deben estar alineadas con estrategias de negocios abarcadoras y enfocadas de manera estratégica. En otras palabras, más que una simple mecanización de procesos que antes eran realizados por personas, o la implementación de computadoras y servidores, debe haber una estrategia clara de tecnología aplicada al negocio. Los objetivos de la adopción de nueva tecnología deben incluir: aumentar la eficiencia operacional de la empresa, aumentar la calidad de los procesos y potenciar la productividad de los empleados, fortalecer la relación con suplidores y clientes, y desarrollar inteligencia de negocios e información esencial para la empresa de los clientes y el mercado. Hay que mirar la estrategia tecnológica de una forma holística para maximizar el rendimiento de la inversión a realizarse y analizar cómo su implementación va a mejorar el comportamiento de la organización. Desde esta perspectiva, sugerimos a las empresas que evalúen las opciones con consultores expertos en este campo, pero enfatizando en la importancia de una estrategia de negocios que se fundamente en la incorporación de nueva tecnología.

LA EXPORTACIÓN COMO OPCIÓN DE CRECIMIENTO

Finalmente, recomendamos evaluar la incursión en otros países como estrategia de crecimiento. Exportar, aunque siempre se ha visto como una meta deseable para algunos sectores de la comunidad empresarial, en realidad son muy pocas las empresas de capital nativo que están exportando a los mercados internacionales. Sin embargo, ante el actual estancamiento del mercado primario o local, que es Puerto Rico, muchas empresas que quieran crecer, no van a tener otra opción que salir al mercado internacional a vender sus productos o servicios.

Componentes del plan de exportación

Productos a exportar	Canales de distribución
Cambios de acuerdo al país o mercado	Desafíos para entrar al mercado
Selección de mercados	Precios de los productos
Definir perfil del cliente	Etapas operacionales
Enfoque de exportación directa o indirecta	Costos de cada etapa

Fuente: www.commerce.com

Aunque suene complicado o arriesgado, la exportación se está convirtiendo en algo mucho más sencillo y viable de lo que era en el pasado. En primer lugar, la firma de tratados comerciales por parte del Gobierno de Estados Unidos con países de la región, como República Dominicana y Centroamérica, está definiendo nuevas reglas de juego y reducción en las barreras que antes enfrentaban los empresarios locales. Con el objetivo de ampliar el comercio de las empresas norteamericanas (eso incluye a las de Puerto Rico), el gobierno federal ha habilitado programas de promoción a la exportación, y mecanismos para facilitar a las empresas vender sus productos en los mercados en los que ese gobierno ha implementado tratados comerciales. En Puerto Rico, el gobierno local también implementa diversas iniciativas para potenciar el comercio exterior de los empresarios locales. Por ejemplo: la Compañía de Comercio y Exportación provee servicios gratuitos de inteligencia de negocios para que las empresas identifiquen su potencial de exportación de acuerdo al producto o servicio que ofrecen. Esta corporación pública también organiza misiones comerciales a diversos países de la región. En estas misiones se contactan entidades interesadas en adquirir productos de negocios locales. Esencialmente, el gobierno local actúa como facilitador de este proceso de incursión en los nuevos mercados. De hecho, el gobierno local tiene un oficina comercial en algunos de los mercados de exportación más importantes de la Isla. Por otra parte, el Banco de Desarrollo Económico también ofrece financiamiento para empresas interesadas en exportar. Sin embargo, además de la disponibilidad de ayudas gubernamentales para comenzar un plan de exportación, lo más importante es que el empresario esté convencido de que su negocio está listo para comenzar a vender en un mercado del exterior y que cuenta con la infraestructura, los conocimientos y los recursos para así hacerlo. En muchos casos, la exportación es la última etapa en el proceso de madurez de una empresa y, en otras ocasiones, es una estrategia de corto plazo que se desarrolla de forma paralela con la estrategia del mercado local. Recomendamos a los empresarios que estén interesados en exportar, que busquen la asesoría profesional y preparen un plan con metas bien definidas y cursos de acción fundamentados en la realidad objetiva del negocio.

PALABRAS FINALES

Puerto Rico aún está a tiempo para implementar los cambios necesarios para que la economía pueda volver a crecer y alcanzar un desarrollo pleno. A pesar de los enormes desafíos que enfrentamos en el presente, todavía tenemos oportunidad para ejecutar estrategias de corto plazo que detengan la caída económica y aceleren el proceso de recuperación. Ya veo algunos indicios positivos en la ruta hacia la Reinvención Boricua. Recientemente, la intensidad de la crisis provocó que por primera vez en mucho tiempo, los partidos políticos hayan acordado trabajar juntos para lograr que el Congreso Federal apruebe un nuevo incentivo contributivo. Los sindicatos y los empresarios también han logrado un importante consenso para trabajar de forma integrada a favor de temas económicos. De igual forma, los altos costos energéticos han obligado al gobierno a manejar el tema de los abusos que históricamente ha cometido la Autoridad de Energía Eléctrica sobre la ciudadanía y las empresas. Ante la ola criminal, las comunidades se están organizando para enfrentar unidas el problema de seguridad pública. En fin, es evidente que –aunque sea lentamente– el País se está reinventando.

Los ciudadanos, el sector privado y el resto de los actores no gubernamentales, no tienen otra opción que no sea asumir el liderazgo que requerirán estos procesos de cambios, y ejecutar las propuestas que necesita la economía y los demás sectores para asegurar que Puerto Rico vuelva a ser un lugar apto para vivir y progresar. La recuperación económica y la capacidad para alcanzar tasas aceptables de crecimiento, dependerán de la rapidez y la efectividad con las que se implementen las propuestas de cambio. Las propuestas planteadas en este libro pueden ser el comienzo de un proceso que abrirá la puerta para otras que deben hacer otros sectores del País. La Reinvención Boricua es un llamado a generar una discusión seria sobre los asuntos importantes de la Isla. Si algo está claro, es que no podemos dejar esa responsabilidad exclusivamente a los partidos políticos. La continuidad en las estrategias económicas dependerá del liderazgo del sector privado, en asegurar que la política partidista no siga estando por encima del desarrollo económico. Perdimos una década y no podemos darnos el lujo de perder los próximos diez años, porque corremos el riesgo de un fracaso económico irreversible. Debemos imponernos como meta implementar las propuestas de reactivación económica y la estrategia de desarrollo de forma inmediata, para convertir la próxima década en la década de la reconstrucción. ¡Comencemos la Reinvención Boricua, ahora!

Gustavo Vélez

Desde muy joven, Gustavo Vélez mostró cierta inclinación hacia los asuntos de Puerto Rico. Luego de la separación de sus padres, a muy temprana edad, se fue a vivir con sus abuelos paternos. A los 13 años comenzó a desarrollar interés por la literatura y la política, y empezó a practicar de forma competitiva el deporte del atletismo. En el 1988 se graduó del Colegio de Nuestra Señora de Belén.

En agosto de ese mismo año entró a la Universidad de Puerto Rico donde obtuvo una beca deportiva y comenzó sus estudios en economía. Allí combinó sus actividades académicas con sus responsabilidades como atleta de pista y campo de dicha institución. Vélez participó de la Asociación de Estudiantes de Economía y fundó la Asociación de Estudiantes Atletas en el 1991. Antes de graduarse, tuvo la oportunidad de trabajar como analista económico del Consejo de Desarrollo Estratégico del entonces gobernador de Puerto Rico, Rafael Hernández Colón, hasta diciembre de 1992.

En el 1997, sus inquietudes e interés por servirle al pueblo lo llevaron a unirse al equipo de trabajo de la entonces alcaldesa de San Juan, Sila M. Calderón, con quien también colaboraría en su esfuerzo para llegar a la gobernación. En el 2001 decidió unirse al equipo de trabajo del recién electo vicepresidente de la Cámara de Representantes, Ferdinand Pérez, como asesor económico y legislativo.

En el 2004, se unió al equipo de trabajo del entonces candidato a gobernador, Aníbal Acevedo Vilá, y en el 2005 se integró al equipo de asesores del mandatario como asesor en asuntos económicos y laborales. En el 2006, problemas de salud lo obligaron a presentar su renuncia y decidió fundar su propia empresa, Inteligencia Económica, Inc., una firma especializada en proveer asesoría a empresas y organizaciones empresariales.

En noviembre de 2006 se sometió a una cirugía cardiovascular para corregirle una aneurisma aórtica. Desde entonces, Vélez se ha dedicado al campo de la consultoría a la vez que colabora con diversos medios de prensa como analista sobre temas económicos. En el 2010 fue nombrado por el gobernador Luis Fortuño a participar como miembro de su Consejo de Asesores Económicos.

El autor utiliza su tiempo libre para leer y practicar sus dos deportes favoritos, el tenis y el *jogging*, además de compartir con su hijo, Fabián.

EXPERIENCIA EDUCATIVA Y PROFESIONAL

* Obtuvo su bachillerato y maestría en Economía de la Universidad de Puerto Rico en Río Piedras, con la distinción, *Magna Cum Laude*. Inició su carrera profesional en el 1992, como analista económico en el Consejo de Desarrollo Estratégico del entonces gobernador, Rafael Hernández Colón. Allí participó en diversos proyectos de planificación económica y de política pública.

* Trabajó como economista en la Junta de Planificación de Puerto Rico y también en firmas de consultoría económica como: Consulta Económica y Planificación, Inc., y Estudios Técnicos, Inc.

* Entre el año 1997 y el 2000 fungió como director ejecutivo del Programa de Desarrollo Empresarial del Municipio de San Juan. Entre el 2001 y el 2004 trabajó en la Cámara de Representantes, donde se desempeñó como asesor

económico. Allí también fue director ejecutivo de la Comisión de Desarrollo Urbano y Vivienda, y de la Comisión de Desarrollo Socioeconómico y Planificación. Entre el 2005 y el 2006 laboró como asesor económico del gobernador de Puerto Rico, Aníbal Acevedo Vilá.

• En marzo del 2006 fundó la firma de consultoría Inteligencia Económica, Inc., la cual provee asesoramiento económico para organizaciones privadas locales y multinacionales. Actualmente, es miembro de la Junta Asesora de Banesco en Puerto Rico y de la Junta Estatal para la Inversión en la Fuerza Trabajadora. En el 2010 fue nombrado por el gobernador de Puerto Rico, Luis Fortuño, al Consejo de Asesores Económicos del Gobernador, un organismo independiente que asesora en temas de política económica.

• Además, es analista sobre temas de economía del Canal Educativo del Sistema Universitario Ana G. Méndez y se desempeña como columnista sobre temas económicos en *El Nuevo Día*, el periódico de mayor circulación en Puerto Rico.

BIBLIOGRAFÍA

Castells, Manuel, y Hall, Peter, 1994. *Las Tecnópolis del Mundo*, Alianza Editorial.

Curet Cuevas, Eliezer. 2003. *Evolución de la Economía de Puerto Rico: 1950 – 2000*. Ediciones M.A.C.

CEPAL. 2004. *Evolución de la economía de Puerto Rico, su inserción en el mundo globalizado y lineamientos de política para enfrentar desafíos futuros*. Naciones Unidas.

Collins, Susan y Bosworth, Barry. 2006. *Economic Growth*. Brooking Institution and the Center for the New Economy.

Compañía de Fomento Industrial de Puerto Rico. 2006. *Estudio de la situación económica e industrial de Puerto Rico*. Oficina de Planificación Estratégica y Análisis Económico.

Congress of the United States. 1991. *Analysis the economic impact of the repeal of Section 936 on the Puerto Rican economy.* Congressional Budget Office.

CORPLAN Inc. 1994. *Estado de la Situación Industrial de Puerto Rico*. Asociación de Industriales de Puerto Rico.

Dietz, James, 1989. *Historia Económica de Puerto Rico*. Ediciones Huracán.

General Accountability Office. 1993. *Tax Policy: Puerto Rico and the Section 936 Tax Credit*. Report to the Chairman and Ranking Minority Member, Committee on Finance, U.S. Senate.

General Accountability Office. 2006. *Fiscal relations with the Federal Government and economic trend during the phase out of the Possessions tax credit*. Report to the Chairman and Ranking Minority Member, Committee on Finance, U.S. Senate.

Gutiérrez, Elías, 2000. *El futuro sobre el tapete*. Centro de Investigación y Política Pública, Fundación Rafael Hernández Colón.

Irizarry, Edwin, 2011. *La Economía de Puerto Rico*. McGraw Hill.

Informe Económico al Gobernador, 2010. Junta de Planificación de Puerto Rico.

Informe de Presupuesto del Gobierno de Puerto Rico, 2011. Oficina de Gerencia y Presupuesto.

Kotler, Phillip, 1997. *The Marketing of Nations*. The Free Press.

Krugman, Paul, 2008. *The Return of Deppression Economics*. W.W. Norton and Company.

Laffer, Arthur y Odishelidze, Alexander. 2004. *Pay to the order of Puerto Rico: The cost of tax dependence to the American taxpayer*. Allegiance Press.

Lawrence, Robert y Lara, Juan. 2006. *Trade performance and Industrial Policy*. The Brooking Institution and the Center for the New Economy.

Modelo Estratégico para la Nueva Economía, 2010. Departamento de Desarrollo Económico y Comercio.

Pantoja García, Emilio, 1989. *Development strategies as ideology: Puerto Rico's export led industrialization experience*. Editorial de la Universidad de Puerto Rico.

Price Waterhouse. 1992. *Cost-benefit analysis of Section 936*. Puerto Rico-USA Foundation.

—

Made in the USA
Monee, IL
28 July 2021